親子でたのしむ日本の行事

平凡社

はじめに

「なぜ節分《せつぶん》の日には、豆をまいてオニ退治《たいじ》をするの？」

「ひなまつりが女の子の日で、こどもの日が男の子の日なのは、どうして？」

こうした質問を、子どもたちから投げかけられたとき、多くの人はうまく答えられないかもしれません。

節分で豆をまくのも、ひなまつりにひな人形を飾り、こどもの日に鯉のぼりをあげるのも、私たち日本人にとってはなじみある風景です。ずっとずっと昔から受けつがれてきた行事《ぎょうじ》や風習《ふうしゅう》は、今も途絶《とだ》えることこそありませんが、その意味やこめられた想いを知る人は、少なくなっているようです。

本書では、昔から日本に伝わる伝統的な行事から、クリスマスやバレンタインデーなど、西洋生まれの行事までを1月から順に紹介しています。その行事のいわれはもちろん、昔懐かしい遊びや、子どもも参加できる四季のお手軽レシピなどを、かわいいカラーイラストとともに解説しました。

親子で歳時を学び直しながら季節を感じ、一家団らんのヒントにお役立てください。

4月

上旬　新学期　学校や幼稚園での新しいスタート……44
上旬　お花見　桜の木の下でごちそうをいただく……46
8日　花祭り　お釈迦さまの誕生をお祝いする日……48
春分後の最初の満月の次の日曜日　イースター　春のおとずれを喜ぶ日……50

5月

2日ごろ　八十八夜　春と夏の変わりめの茶つみのシーズン……54
5日　こどもの日　成長を喜ぶ男の子のためのお祭り……56
第2日曜日　母の日　お母さんに「ありがとう」を伝える日……58

6月

1日　衣替え　季節の変わりめに洋服の入れ替えをする日……62
11日ごろ　入梅　梅の実が熟すころにはじまる雨の季節……64
第3日曜日　父の日　がんばり屋のお父さんに感謝を告げる日……66
30日　夏越の祓　半年のあいだについた悪いものをはらう儀式……68

7月

1日ごろ 山開き・海開き 山や海に入ることを許される日 72
7日 七夕 たんざくに願い事を書いて笹竹につるす 74
初旬〜15日ごろ お中元 お世話になった人に贈りものをする 78
20日ごろ〜8月7日ごろ 土用のうなぎ 夏のさかりのスタミナつけ 80

8月

7月下旬〜8月末まで 夏休み 暑いさなかの長いお休み 86
1日 八朔 田の神さまに豊作をお願いするお祭り 84
7月7日ごろ〜8月7日ごろ 暑中見舞い 親しい人への気づかいの便り 90
13日〜16日ごろ お盆 ご先祖さまとともにすごす夏の行事 92

9月

9日 重陽の節句 菊を楽しみ、長寿を願う行事 96
満月の日 十五夜 1年に1度だけの満月の観賞会 98
第3月曜日 敬老の日 お年寄りに感謝の気持ちを伝える日 100

10月

中旬〜下旬 十三夜 十五夜に並ぶ美しい月を楽しむ日 …… 104
下旬〜 紅葉狩り 木の葉の色づきを見に行く行事 …… 108
31日 ハロウィン 古代ケルトに由来する仮装のお祭り …… 110

11月

15日 七五三 子どもの成長の節目におこなう儀式 …… 114
23日 勤労感謝の日 働く人と収穫に感謝する日 …… 116

12月

中旬〜下旬 すすはらい お正月前の大そうじの日 …… 120
22日ごろ 冬至 寒い冬を健康にすごすための知恵 …… 122
25日 クリスマス イエス・キリストの誕生日のお祝い …… 124
31日 大みそか 1年の最後をしめくくる日 …… 126

凡例
- 本文の日づけのうち、黒字は平日、赤字は祝日をあらわします。
- 行事の日づけは『三省堂年中行事事典〈改訂版〉』をもとに、一般的な例を紹介しています。地方によっては、異なる場合があります。

1月

昔の暦《こよみ》で、1月は「仲睦《なかむつ》まじくすごす月」
と書いて「睦《む》月《つき》」といいます。
お正月《しょうがつ》から家族団らんをしましょう。

1月 1日

お正月《しょうがつ》

年神《としがみ》さまをおもてなしし、1年の健康をお願いする

お正月ってなに？

昔から、元旦《がんたん》には「年神《としがみ》さま」という新年の神さまが、各家庭にいらっしゃるといわれています。年神さまはご先祖《せんぞ》さまであり、田の神さま、山の神さまであるともいい、人々に1年の健康や幸福を授《さず》けると考えられています。

じつは、お正月のしつらえで飾《かざ》る門松《かどまつ》は神さまのための道しるべ。また、おせち料理は年神さまといっしょにいただくお食事で、悪い気をはらうためにおとそをいただくなどの風習が生まれました。伝統的なお正月のお祝いをして、年神さまをたっぷりとおもてなししましょう。

昔ながらのお正月遊びに挑戦！

［羽根《はね》つき］

羽根つきは昔、宮廷行事《きゅうていぎょうじ》としておこなわれていました。現在は、競技というよりも、お正月行事を華《はな》やかに彩《いろど》る遊びとして受けつがれています。

遊び方

1. はご板を2枚と羽根を用意して、2人で向かいあって羽根を打ちあいます。
2. 羽根を落としたり打ちそこねたら、罰《ばつ》として顔に墨《すみ》をぬります。

［コマ回し］

中国から朝鮮（高麗《こうらい》＝こま）を経て伝わったとされるコマ回し。日本では縁日《えんにち》の催《もよお》しとしてはじまり、やがて子どもの遊びとなりました。

遊び方

1. ヒモをコマの芯《しん》に巻きつけ、コマを前に向かって投げます。
2. 投げた瞬間にヒモをすばやく引きます。どれだけ長く回せるか、勝負しましょう。

［双六《すごろく》］

双六はもともと、さいころを振って出た目の数だけ石を進め、敵陣《てきじん》をとる競技でした。江戸時代《えどじだい》に絵双六が誕生したことで子どもの遊びとなり、こんにちまでにたくさんの種類が生まれています。

遊び方

1. 「ふりだし」にそれぞれの駒《こま》をおきます。
2. さいころを振って、出た目の数だけ駒を進めます。早く「あがり」についた人が勝ちとなります。

お正月ならではの遊び道具を作ろう！

福笑《ふくわら》い

できあがった顔の表情を見て、みんなで笑いあう福笑いは、「笑う門《かど》には福来《きた》る」のことわざのように新年の福を祈願《きがん》する遊びとしてはじまったとされます。

【用意するもの】
大きな紙 2枚
好きな色のペン

福笑いを作ってみよう

① りんかくを作る

大きな紙に、顔のりんかくをかきます。

② 目や口を作る

もう1枚の紙に、目、鼻、口、ほっぺなど、好きなパーツをかきます。

③ 切りとってできあがり

目隠しをして、りんかくの上に目や口をならべてみましょう。どんな顔ができるかな？

たこあげ

たこあげは、世界的におこなわれている遊びです。骨ぐみに紙や布をはってたこを作り、風の力で空に飛ばします。糸でたこを操《あやつ》り、どれだけ長く糸を出したかで飛距離を競います。

【用意するもの】
30Lのとうめいなゴミ袋 1枚
ストロー 4本、つまようじ 2本
ビニールテープ、たこ糸

自分だけのたこを作ってみよう

① たこのどうを作る

ゴミ袋を広げ、イラストのように線をひいて切ります。上下も切りはなして、1枚だけ使います。

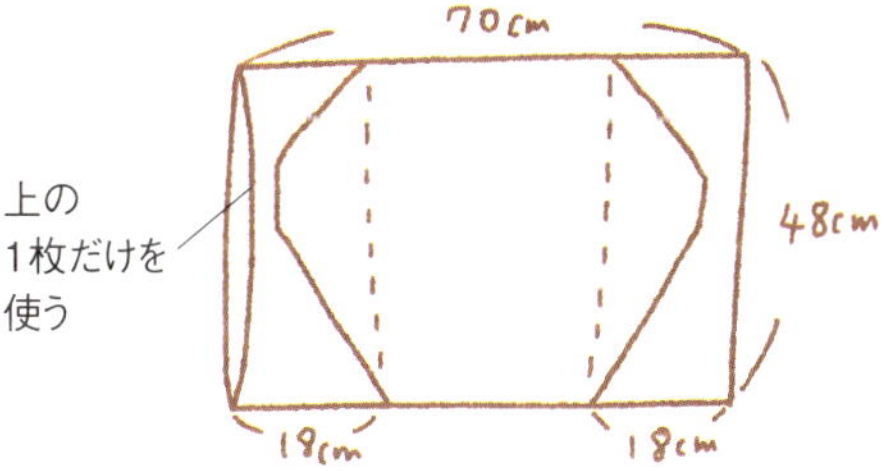

② しんを作る

どうの高さにあわせてストローを2本ずつ、たてにつないでテープでとめます。

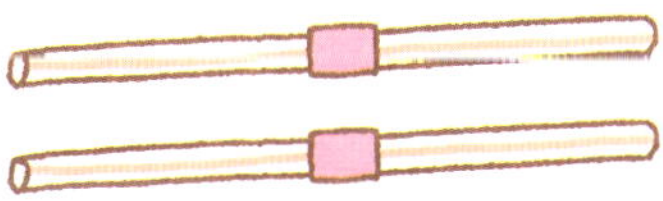

③ どうとしんをつなげる

②のストローを、イラストのように①のどうにはりつけます。

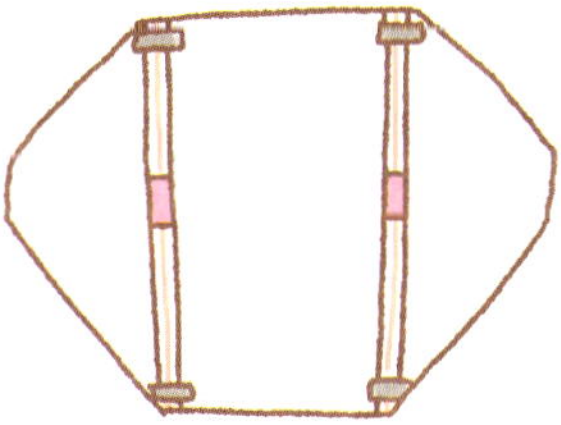

④ たこ糸につまようじをつける

155cmの長さでたこ糸を切り、まん中に輪を作って両端につまようじを結びます。輪には、残りのたこ糸をつなげましょう。

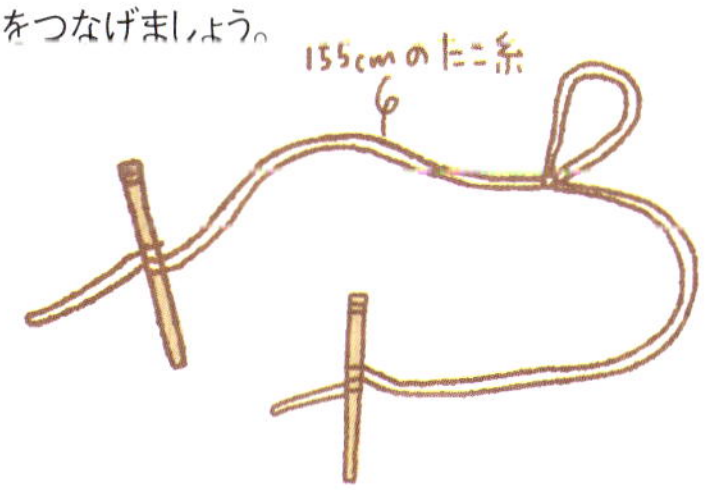

⑤ どうに糸をつなげる

③の両脇に④で作ったつまようじをはりつければ、できあがり。さっそく遊びましょう！

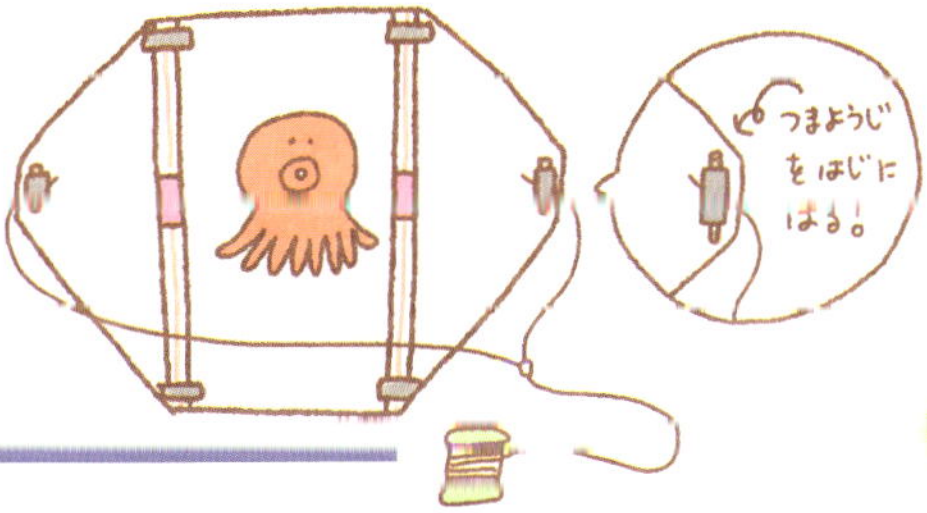

1月
7日

七草粥《ななくさがゆ》

春の七草《ななくさ》を入れたお粥《かゆ》を食べて、家族の健康を祈る

七草粥ってなに？

1月7日に「春の七草《ななくさ》」を入れたお粥《かゆ》を食べると、その1年、病気にならないといわれています。春の七草とは、セリ、ナズナ、ゴギョウ、ハコベラ、ホトケノザ、スズナ、スズシロのこと。

昔の中国《ちゅうごく》では、寒い冬に育つ野草は、生きる力が強く、食べれば体がじょうぶになると考えられていました。その習慣が日本にも伝わり、七草粥《ななくさがゆ》を食べるようになったのです。

また、おせち料理などのごちそうをたくさん食べて疲れた胃《い》をいたわるという、昔の人の知恵のひとつともいわれています。

包丁《ほうちょう》で野菜を切ってみよう！

七草はリズミカルにきざむのがポイント。
これを機に包丁の使い方を覚えましょう。

[包丁の部分の名前と役割《やくわり》]

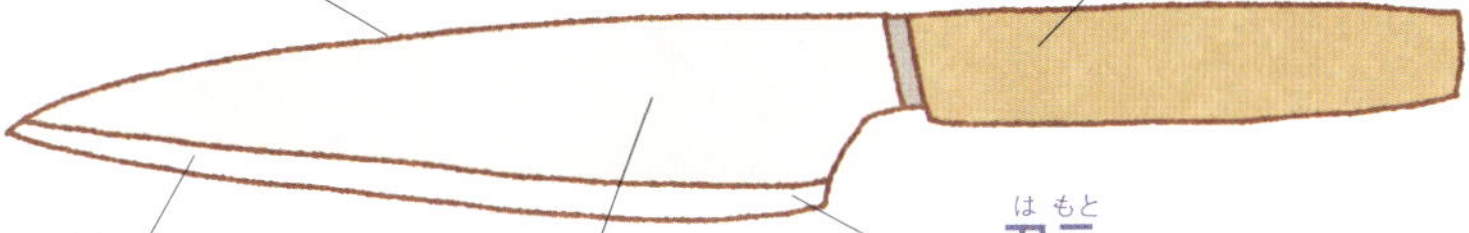

みね
肉をたたいてやわらかくしたり、ごぼうの皮をこそいだりするときに使う。

柄《え》
手でにぎるところ。

刃先《はさき》
食材をきざんだり、切りわけるときに使う。

はら
にんにくなどを押しつぶすときに使う。

刃元《はもと》
野菜や果物の皮をむくときに使う。

[包丁の持ち方]

刃の部分が下にくるように、きき手で柄をしっかりとにぎります。

おうちの方へ

不安定なかたちの食材は、子どもが切りやすいようにあらかじめカットしてください。たとえば、にんじんはたて半分に切って寝かせると転がりません。

[包丁の使い方]

左手はネコの手に！
食材を押さえる手は、指を内側に折り曲げ、ネコの手のようなかたちにする。

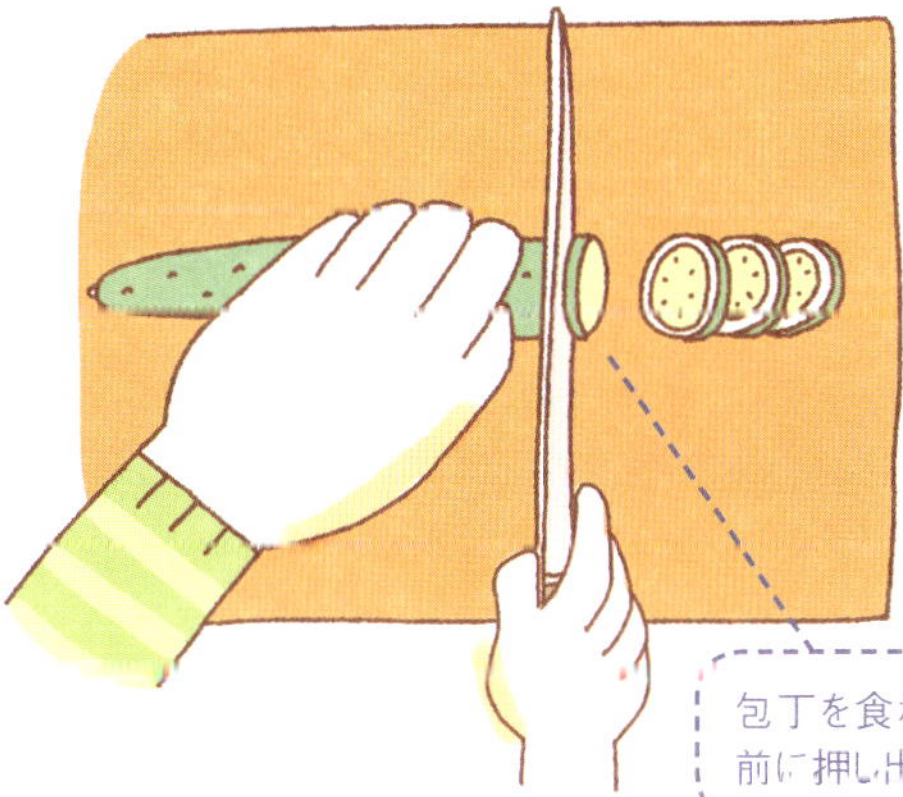

包丁を食材に当て、刃を前に押し出すように切る。

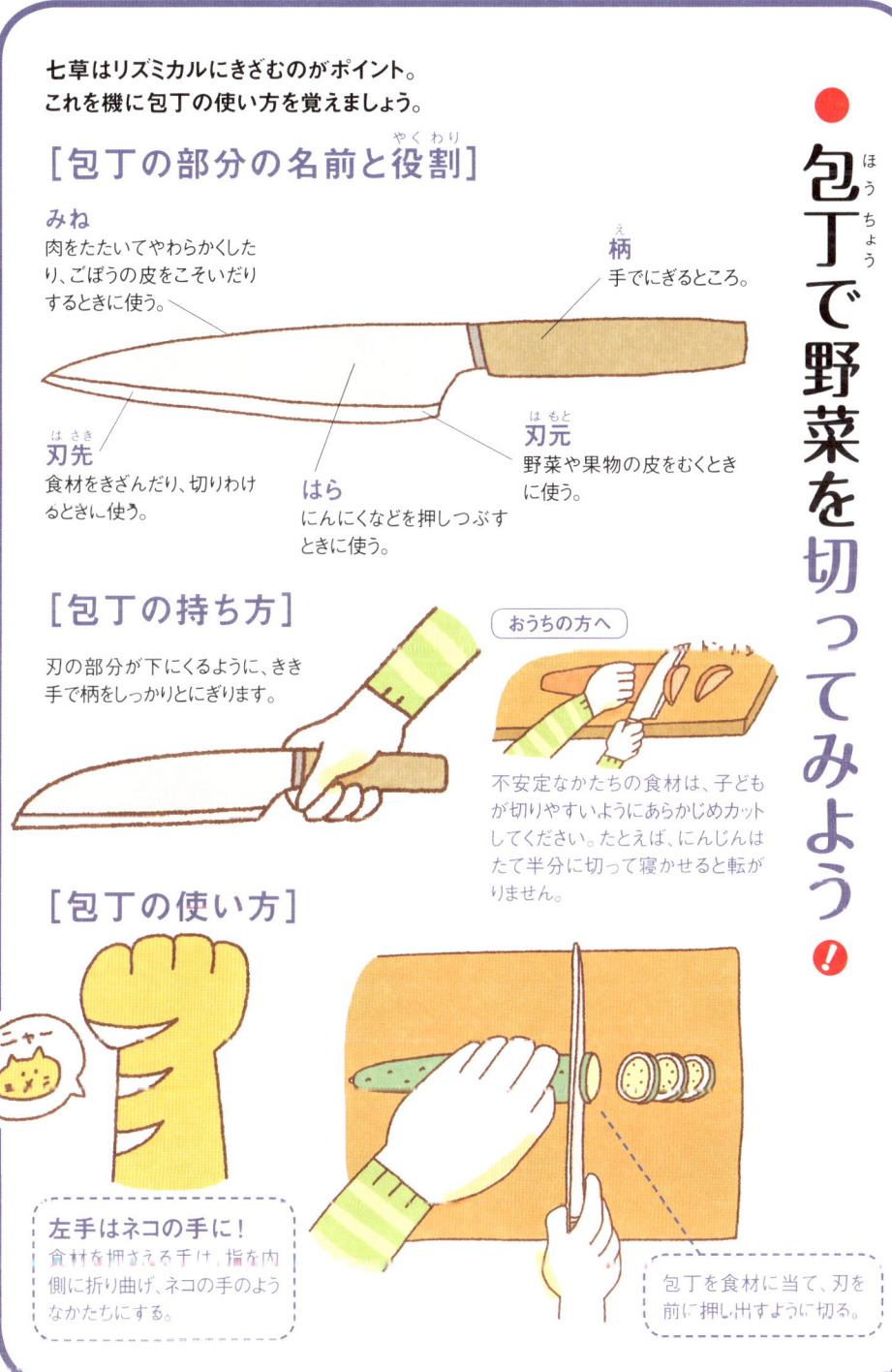

1月
11日

鏡開《かがみびら》き

鏡《かがみ》もちを下ろして、年神さまのパワーをいただく日

鏡開きってなに？

1月11日は、お正月に飾った鏡《かがみ》もちを下ろして食べる「鏡開《かがみびら》き」の日。鏡もちには、年神さまの特別な力があるとされ、そのおもちをいただくと、1年間健康で幸せになれるといいます。

年神さまが宿るもちは包丁を使わず、木づちで割るのが正式。「鏡割り」といわないのは、昔から「割る」という言葉が不吉《ふきつ》とされたためで、「開く」にいいかえられたからです。

おしるこなどにしていただくのが一般的ですが、1月15日に正月飾りを集めて燃やす「どんど焼き」で鏡もちを焼く風習も見られます。

おしるこを作ってみよう!

鏡開きで割ったもちは、残さず食べるのがしきたりです。
缶詰のあずきを使って、おしるこを作りましょう。

鏡もちは洗い、ひと晩水につけておこう

①

もちを木づちで割り、食べやすい大きさにします。破片《はへん》が床に散らないように、台の下に新聞紙を広げておきましょう。

②

粒あんと水を鍋に入れ、ヘラでほぐします。中火で熱し、煮立ったら塩少々を加えて火をとめます。

③

くだいたもちをたい熱容器に入れてラップをかけ、電子レンジで加熱し、やわらかくします。

500Wで1分ずつ様子を見ながら加熱する

【材料(4人分)】
鏡もち1個
粒あん缶詰1缶
水(粒あんと同量)
塩少々

④

やわらかくなったもちを②の鍋に入れ、ひと煮立ちさせればできあがりです。

子どもの通過儀礼《つうかぎれい》

誕生《たんじょう》してから、
節目《ふしめ》節目に見られる成長祝い

日本には、人生の通過儀礼がいくつもあります。とくに生まれてからの1年間に集中しているのは、子どもの魂《たましい》が不安定であると考え、節目の儀礼をおこなうことで、無事な成長を祈ったのです。

子どものお祝いごと一覧（生後1年まで）

帯祝《おびいわ》い	妊娠5か月めの戌《いぬ》の日に、安産をお祈りする。 その日、岩田帯《いわたおび》をおなかに巻く、「帯祝い」がおこなわれる。
お七夜《しちや》	生後7日めにおこなわれる、名づけの儀式《ぎしき》。
お宮《みや》まいり	子どもの誕生を氏神《うじがみ》さまに報告し、健康とすこやかな成長をお願いする。 一般的に、男の子は生後31・32日め、女の子は32・33日めにおこなう。
お食《く》い初《ぞ》め	生後100日めに、子どもが一生食べものに困ることがないよう願いをこめて、 食べものを食べさせるまねをする儀式。
初誕生祝い	満1歳の誕生日。一升《いっしょう》の丸もちを赤ちゃんに背負わせたり、 ふませたりする。
初節句《はつぜっく》	子どもがはじめて迎《むか》える節句のこと。 節句とは、男の子は端午《たんご》の節句（5月5日の「こどもの日」P56）、 女の子は上巳《じょうし》の節句（3月3日の「ひなまつり」P32）のこと。

2月

まだまだ寒さがきびしい2月は、
着るものを重ねることから「衣更着《きさらぎ》」とも
呼ばれます。風邪をひかないよう
体温調節をしっかりと!

2月
3日ごろ

節《せつ》分《ぶん》

家の内と外で豆まきをして、悪いオニを追いはらう

節分ってなに？

2月の立春《りっしゅん》の前日である節分《せつぶん》は、「オニは外、福は内《うち》〜」のかけ声とともに豆をまく日。現在の豆まきは、昔の「追儺《ついな》（オニを追いはらう儀《ぎ》式《しき》）」に由来するといわれます。豆はオニの目「魔目《まめ》」に通じるとして、オニ退治に炒《い》った大《だい》豆《ず》が使われるようになりました。

また、オニが嫌うというイワシを食べて、その頭をヒイラギの枝にさし、玄関にかかげます。最近では、恵方《えほう》巻《ま》きという太《ふと》巻《ま》きを、その年の吉方《きっぽう》（よい方向）を向いてまるかじりしたりする習慣が広まっています。

豆うつしゲームで遊ぼう！

豆まきでまいた豆や余った豆を使って、「豆うつしゲーム」をしてみましょう。
遊びながら、はし使いの練習になりますよ！

ルール

皿を1人2枚ずつ用意し、片方の皿に同じ数だけ豆を入れます。「よーい、スタート」のかけ声で、豆をもう1枚の皿へはしでつまんで移し、先に移し終えた人が勝ち。

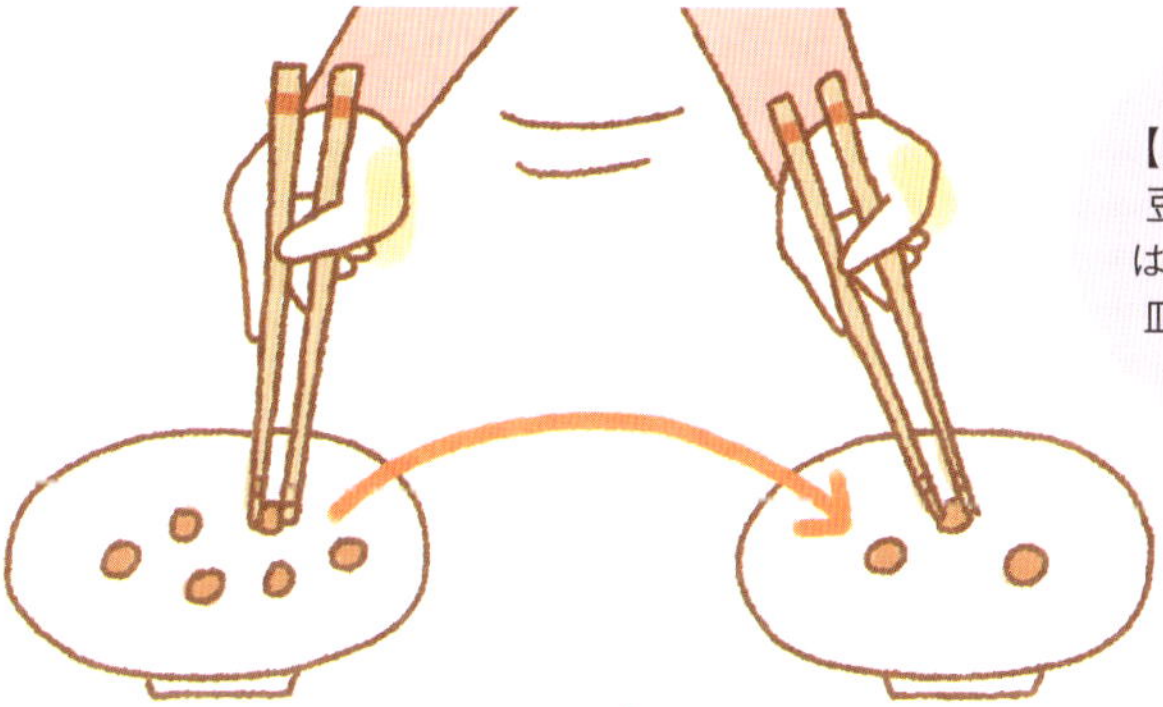

【用意するもの】
豆（好きなだけ）
はし（人数×1膳《ぜん》）
皿（人数×2枚）

うまくつかむコツは？

ポイントは人さし指。人さし指で上のはしを押さえるようにして豆を持ち上げると、すべりにくくなります。

はしの持ち方をおさらいしよう

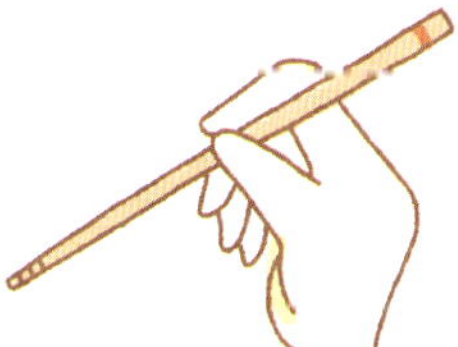

① はしを1本、えんぴつと同じように、中指、人さし指、親指でささえるように持ちます。

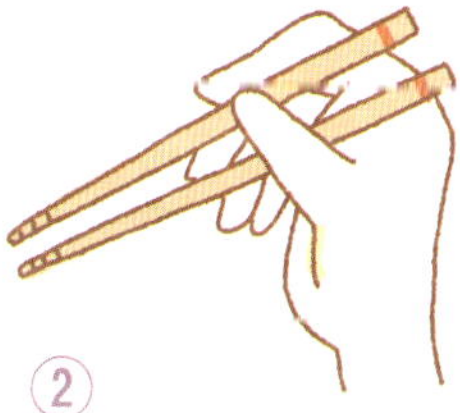

② もう1本のはしを、①のはしと親指のあいだにさし入れ、親指のつけ根と薬指でささえます。

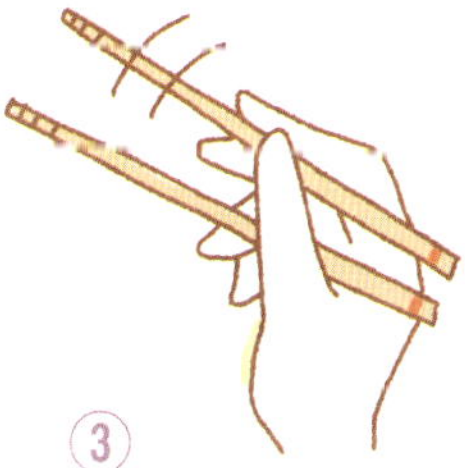

③ 人さし指と中指を使い、上のはしを動かしてものをつかみます。下のはしは動かしません。

いけない食べ方をしているのはだれ？

いけないはしの使い方

ねぶりばし
はしの先を口にふくんでなめる。

さしばし
はしを料理に突きさして食べる。

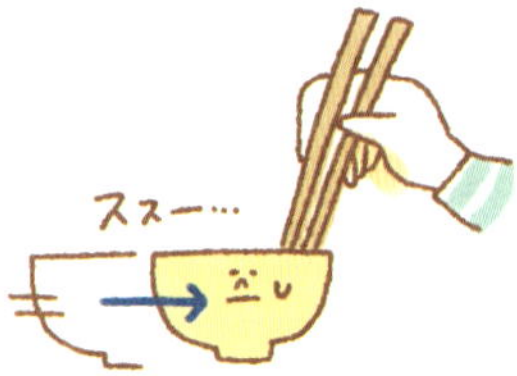

よせばし
はしを使って、茶わんや皿を引きよせる。

お茶わんの正しい持ち方

人さし指から小指まで指をそろえて底を支え、ふちに親指を軽くかける。

上からつかむように持ったり、下からおおうように持ったりしない。

やってはいけない食べ方
ほかのことをしながら食べる。
テーブルにひじをついて食べる。
あーん
手でつかんで食べる。
ペラ
ペラ
口のなかに食べものを入れたまましゃべる。

2月

はじめての午《うま》の日

初午《はつうま》

午《うま》の日に、きつねの好物である油あげをお供《そな》えするのはなぜ？

初午ってなに？

きつねの像がおかれていることでなじみのある稲荷神社《いなりじんじゃ》では、毎年2月のはじめの午《うま》の日に、「初午《はつうま》」のお祭りをおこないます。

このお祭りは、711年の初午の日、京都にある伊奈利山《いなりやま》に、馬に乗ったウカノミタマノカミという神さまが降《お》り立ったことからはじまったとされます。稲荷は「稲生《いねな》り」に由来するため、穀物《こくもつ》の神さまだと考えられます。

そこで初午には、たくさん実《みの》りがありますようにと、神さまにお願いするお祭りをして、お神酒《みき》やお赤飯《せきはん》とともに油あげを供《そな》えます。

神棚におまいりしよう!

神社でいただいたお札《ふだ》は神棚《かみだな》におまつりしましょう。
神棚は毎日おがむことが大切です。

宮形《みやがた》
お札を納めるためのお社《やしろ》で、神社のかたちをしている。

注連縄《しめなわ》
神聖な場所であることを示すもの。

榊《さかき》
「神の木」として、昔から神事に用いられてきた木。

紙垂《しで》
神さまがいる聖域であることを示す印。

供物《くもつ》
神さまのためのお供えもの。水・塩・米と、お神酒《みき》を供える。

神鏡《しんきょう》
おがむ人の心を映し出すとされる鏡。

[おまいりの仕方]

①
背すじをのばして腰を折り、90度のおじぎを2回します。

②
目線の高さに手を上げ、パンパンと2回手をたたきます。

③
最後にもう1度、深くおじぎをします。

2月
8日

針供養《はりくよう》

毎日のように使う針に感謝《かんしゃ》し、おさいほうの上達《じょうたつ》を願う日

針供養ってなに？

2月8日は「針供養《はりくよう》」の日（12月8日におこなう地域もあります）。古い針を豆腐《とうふ》やこんにゃくにさしてお寺や神社に持って行き、日ごろの感謝《かんしゃ》を伝えるとともに、おさいほうがもっとうまくなるようにと願います。

豆腐やこんにゃくにさすのは、働きものの針におふとんで休んでもらうため。昔は、自分の手で着物をぬい、穴があけばつくろって着るのが当たり前でした。そのため、針は今以上に大事な道具だったのです。毎日使う道具だからこそ、こうした風習が生まれたのでしょう。

針供養に合わせて、ぬいものに挑戦!

針に糸を通して、ぬいものに挑戦しましょう。
最後はたまどめをして、糸を切ります。

[たま結びの作り方]

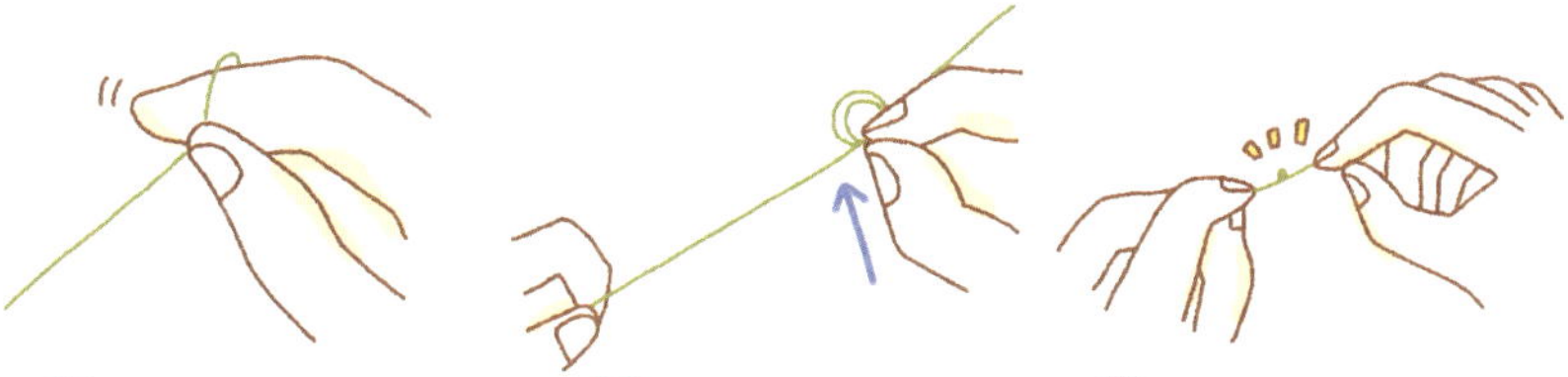

① 糸の先を人さし指に1度巻きつけます。

② 人さし指と親指で輪を押し出し、糸をねじります。

③ 糸の先を引いて、小さな玉ができれば完成です。

[基本のぬい方]

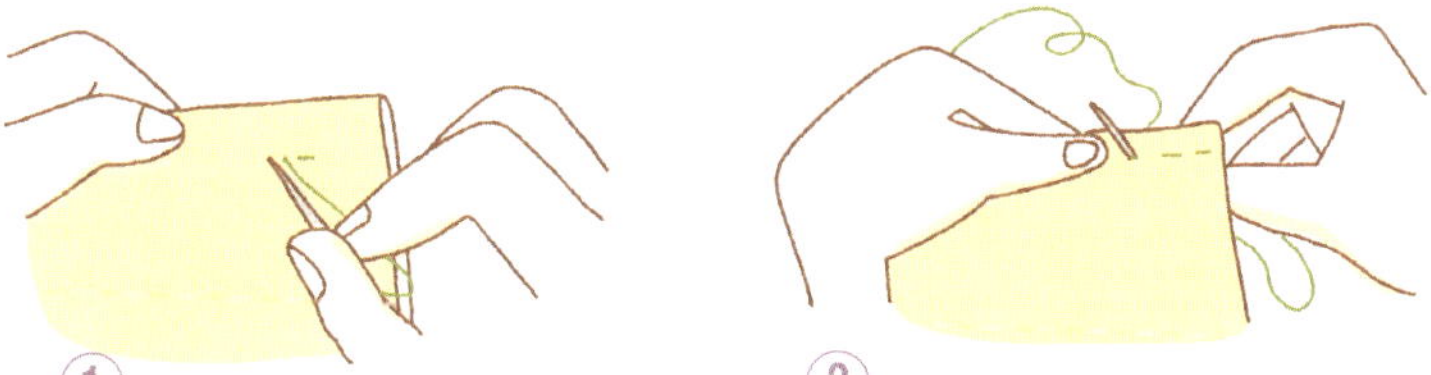

① 布の裏から針をさし、表に出たら5mmほど先で裏にさしもどします。

② また5mmほど先のところから表に針を出し、これをくり返します。

[たまどめのとめ方]

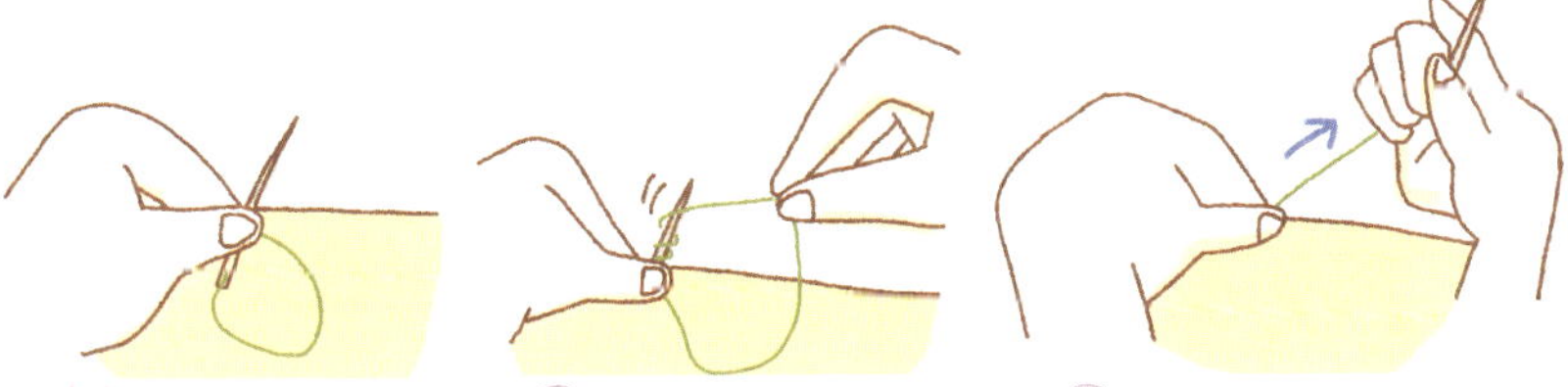

① ぬい終わりの糸の根元のすぐそばに、針のお尻をくっつけます。

② 残りの糸を2〜3回針に巻きつけます。

③ 巻きつけた糸を左手の親指で押さえながら、針をぬきとります。

2月14日 バレンタインデー

大切な人にプレゼントを贈る「愛をあたえる日」

バレンタインデーってなに？

日本では、女の人が男の人にチョコレートをあげる日と考えられているバレンタインデー。

じつはこの行事は、昔、ローマ帝国の皇帝《こうてい》が兵士《へいし》の結婚を禁止する命令を出したときに、兵士たちのためにひそかに結婚式をとりおこなったヴァレンチヌス神父《しんぷ》の行為に由来《ゆらい》します。

2月14日は、怒った皇帝に神父が処刑された日。それからこの日は、「愛をあたえる日」として、親しい人どうしで、カードやチョコレートなどの贈《おく》りものを贈りあう習慣が生まれたのです。

チョコレートを手作りしよう！

火を使わないひと口サイズのチョコレートの作り方をご紹介。
たくさん作って友だちや家族にプレゼントしましょう。

チョコレートは溶かしやすいように、細かくきざんでおこう

①
大きな鍋に50度のお湯をはり、チョコレートを入れたボウルの底をあてて溶かします。

チョコをなめらかな口どけにするコツ

チョコレートの3分の2量を50度のお湯で溶かし、残りのチョコレートを加えてお湯が32度になるまで溶かす。この2段階でなめらかな口どけになる

②
溶かしたチョコレートを好きなアルミカップの7分めまでそそぎます。

③
②の表面が少しかわいてきたら、ナッツ類やアラザンなど好きなものをトッピングします。

④
冷蔵庫で冷やせばできあがり。どんなチョコができたかな?

【材料（約10個分）】
板チョコ2枚（1枚約60gのもの）
トッピング:アーモンド、カシューナッツ
クルミ、ジェリービーンズ、アラザン
市販の小粒チョコ
アルミカップ10個

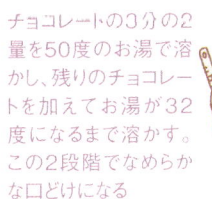

チョコレートをラッピングしよう！

リボンがかわいいラッピング

子どもでも見ばえよくできる、簡単ラッピングをご紹介！

【用意するもの】
小わけ袋 必要なだけ
マスキングテープ 適量
ラッピング用の袋 必要なだけ
リボン

①

小わけ袋にチョコレートを入れて、マスキングテープでふうをします。

いろいろな色や柄《がら》のマスキングテープで、かわいくアレンジしよう

ラッピング袋の色や柄は、贈る人の好みに合わせよう

②

①の小わけ袋を、ラッピング用の袋に入れます。

③

袋の上にリボンを巻き、ちょう結びを作ります。

④

かわいらしいラッピングの完成です。大好きな人やお友だちに、ぜひどうぞ！

おしゃれな小包《こづつみ》風ラッピング

麻《あさ》のヒモを使った、ちょっと大人っぽいラッピングです。

【用意するもの】
小わけ袋 必要なだけ
マスキングテープ 適量
紙袋（ラッピング用） 必要なだけ
麻ヒモ ひと巻き

①

小わけ袋にチョコレートを入れてふうをし、
それをお好みの紙袋に入れます。

②

イラストのように袋の上を2回折りこみ、
マスキングテープでとめます。

簡単にはがれないよう、マスキングテープは長めにとめておこう

③

袋を麻ヒモで十字がけし、最後にちょう結びを作ります。

十字がけの結び方

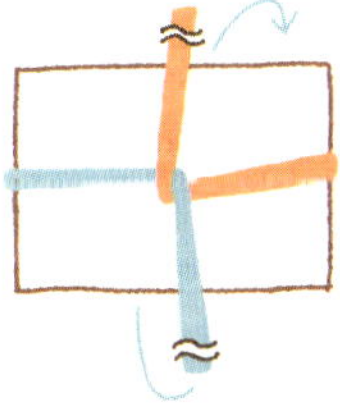

①ヒモを紙袋の後ろを通し、表で交差させます。

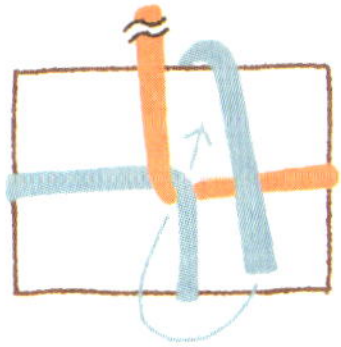

②青色のヒモを、たての方向に1周させ、交差部にくぐらせます。

③左側のオレンジのヒモを下方向に引きます。

④青色のヒモで輪を作り、ちょう結びを作ります。

十字がけの途中で穴をあけたメッセージカードを通そう

④

わたすときに、メッセージカードをそえると、気持ちがいっそう伝わります。

● 冬の行事 ●

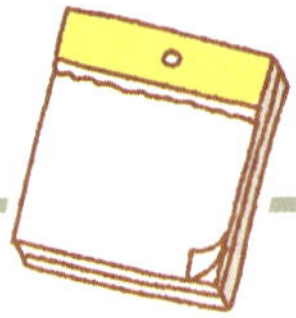

お正月を迎える準備にはじまり、新しい年を祝う行事がつづく

冬の行事は、お正月を中心としたものが多くあります。12月に年神さまを迎える支度《したく》をして新年を迎え、正月飾りを片づけます。1月なかばの「小正月《こしょうがつ》」は現在の「成人の日」の由来とされます。

冬の行事一覧

期　間	行　事
12月中旬《ちゅうじゅん》～下旬《げじゅん》	すすはらい 📖 P120
12月中旬～下旬	歳《とし》の市《いち》
12月22日ごろ	冬至《とうじ》 📖 P122
12月25日	クリスマス 📖 P124
12月31日	大みそか 📖 P126
1月1日	お正月《しょうがつ》 📖 P8
1月7日	七草粥《ななくさがゆ》 📖 P12
1月11日	鏡《かがみ》開《びら》き 📖 P14
1月第2月曜日	成人《せいじん》の日
1月15日	小正月《こしょうがつ》
2月3日ごろ	節分《せつぶん》 📖 P18
2月はじめての午の日	初午《はつうま》 📖 P22
2月8日	針供養《はりくよう》 📖 P24 ※12月8日の地域もあります
2月14日	バレンタインデー 📖 P26

3月

寒さがやわらぎ、しだいに
あたたかさを増していく季節。
草木がいよいよ芽ぶきはじめます。
みんなで、春探しに出かけましょう。

3月
3日

ひなまつり

おひなさまを飾《かざ》って女の子の成長をお願いする日

※イラストは関東の飾り方です。

ひなまつりってなに？

現在《げんざい》、３月３日のひなまつりは、ひな人形を飾《かざ》り、桃《もも》の花や菱《ひし》もち、ひなあられなどを供《そな》えて女の子が元気に育つことを願う日とされます。

もともとは中国《ちゅうごく》のおはらいの行事《ぎょうじ》でしたが、日本に伝わると、人形《ひとがた》で体をなでて、悪いことをうつし、海や川に流す行事になりました。

その後、日本で昔からあった「ひいな遊び」と結びつき、紙の人形を流すようになります。ですが、その人形がりっぱになるにつれて、捨てずにとっておき、翌年も飾るようになりました。これが今のひな飾りのはじまりです。

ひなまつりに、お客さまをおもてなししよう！

玄関でのおもてなし

くつをそろえる

お客さまの脱いだくつは、帰るときにはきやすいよう、かかとを手前に向けてそろえる。

部屋に案内する

ドアやふすまをあけて、立ったまま「どうぞ」と案内する。

お客さまは、玄関からおもてなししましょう。事前に人数分のスリッパをそろえることも忘れずに。

部屋でのおもてなし

食事を用意する

お客さまのために料理や飲みものを用意しておもてなしする。

食器を用意する

前もって、人数分の食器をそろえておく。バラバラにならないように注意。

食事や飲みものを出すときは、心をこめて。レストランの店員さんの気持ちになってやってみましょう。

3月

上旬《じょうじゅん》

梅見《うめみ》

平安時代《へいあんじだい》からつづく春のきざしを探す行事

梅見ってなに？

お花見《はなみ》といえば桜《さくら》が浮かびますが、昔の人は、梅の花でもお花見をしていました。これを「梅《うめ》見《み》」といいます。梅の花は、まだまだ寒さが残るころに、白やピンクの小さな花を咲《さ》かせ、ほのかな香りをただよわせます。このかわいらしい花びらと香りが、春のおとずれを教えてくれるとして、人気になったのです。

梅が中国からやってくると、貴族《きぞく》（身分の高い人）にめずらしがられ、梅見で和歌《わか》がよまれました。日本で1番古い和歌集『万葉集《まんようしゅう》』には、桜より梅の歌がたくさんよまれています。

オリジナル和歌をつくろう！

梅見の季節、昔の人にならって和歌をつくりませんか。
家族で歌を発表して、点数をつけてみましょう。

歌合わせをしよう

ルール

①「五・七・五（上の句）」＋「七・七（下の句）」の31音で歌をつくる。
字あまり、字たらずでもOK！
②「梅」という言葉をかならず入れる。
③歌をよみあう。

家の庭梅の香りがいいにおい
花のあとには実も楽しみね
としこ
白梅や
寒さの中で凛と咲く
可憐な花の美しさよ
ママ
はなよりもウメボシのほうが
ぼくはすき
すっぱくておいしいウメボシだいすき
たろう
好きなコトバを入れよう
字数よりもリズムが大切！

3月

18日ごろ〜24日ごろ

春のお彼岸《ひがん》

ご先祖《せんぞ》さまがねむるお墓《はか》におまいりをする日

お彼岸ってなに？

春分《しゅんぶん》の日の前とうしろの3日間をふくめた1週間を「春のお彼岸《ひがん》」と呼びます。

日本ではお彼岸に、お墓《はか》まいりに行きます。なぜなら、仏教《ぶっきょう》ではご先祖《せんぞ》さまが住む世界は西のほうにあるとされ、太陽が真西に沈むこの時期は、その世界に近づくと考えられているから。

そこで、ご先祖さまが身近に感じられるこのころ、お墓まいりに行くのです。ぼたもちをお供えするのは、あずきの赤い色に悪いものをはらう力があると信じられてのことです。なお、秋分《しゅうぶん》の前後には「秋のお彼岸」があります。

お墓まいりに行こう！

お墓まいりですること

① 墓石をきれいにふく

ぬらしたぞうきんで、墓石の汚れをふきとる。

② まわりをそうじする

落ち葉をほうきではいたり、雑草をとりのぞく。

③ 墓石に水をかける

おけにくんでおいた水を、ひしゃくでかける。

④ 花や線香《せんこう》を供える

花立てに花をさし、線香を香台《こうだい》に供える。

そうじをすませたら、数珠《じゅず》を手にかけ、お墓に向かって手を合わせましょう。

3月

下旬《げじゅん》

春《はる》休《やす》み

農作業《のうさぎょう》や漁《りょう》のあいまにあった小さなお休みがはじまり

春休みってなに？

春休《はるやす》みといえば、今は子どものものというイメージですが、昔は大人にもありました。忙しい農作業《のうさぎょう》や漁《りょう》のあいまの1日を休んで、山遊びや磯《いそ》遊びに出かけ、みんなで食べたり飲んだりして楽しんだといいます。

山遊びはもともと、山の神さまに春を知らせ、お迎《むか》えに行ったことがはじまりとされ、磯遊びはひな流し（32ページ）の際に、水辺で悪いものをはらう行事がもとになっています。なかなか仕事が休めない昔の大人にとって、春休みは待ち遠しいものだったのかもしれませんね。

押し花に挑戦しよう！

春の花をつんで押し花にしましょう。
できたら画用紙などにはって、しおりやはがきにします。

花についた水分はふきとっておく

①
花や葉など押し花にしたい部分を残し、くきや根など使わないところは切りとります。

ティッシュペーパーのサイズに合わせて、段ボールのサイズを調節しよう

②
段ボールの上に、半分はみ出るようにティッシュペーパーをしき、重ならないように花を並べます。

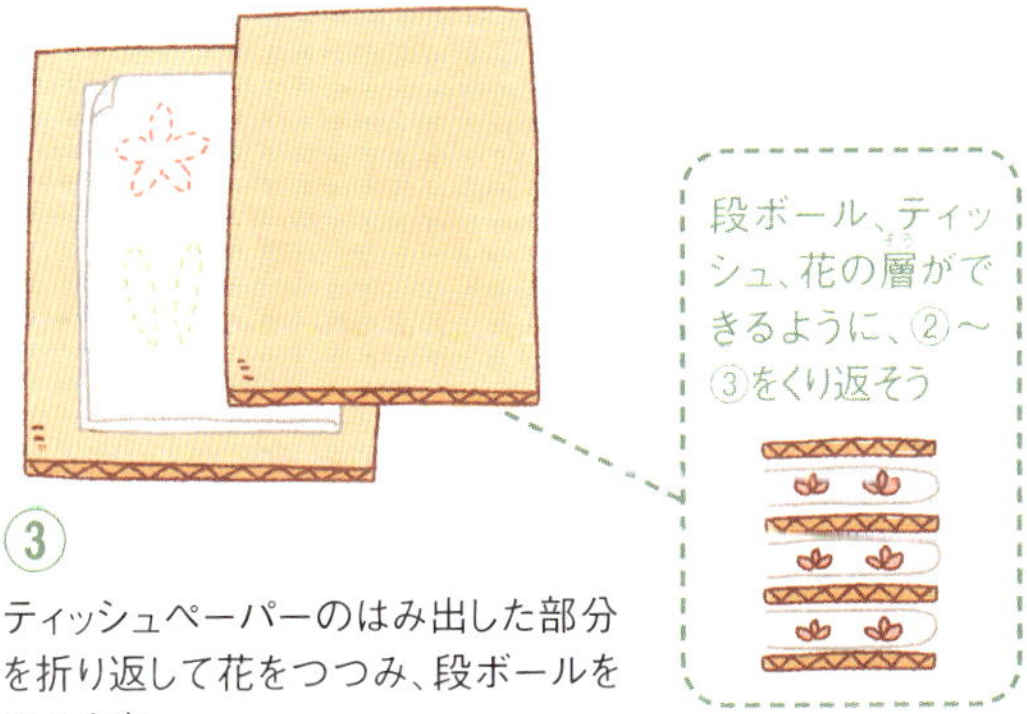
段ボール、ティッシュ、花の層《そう》ができるように、②～③をくり返そう

③
ティッシュペーパーのはみ出した部分を折り返して花をつつみ、段ボールをのせます。

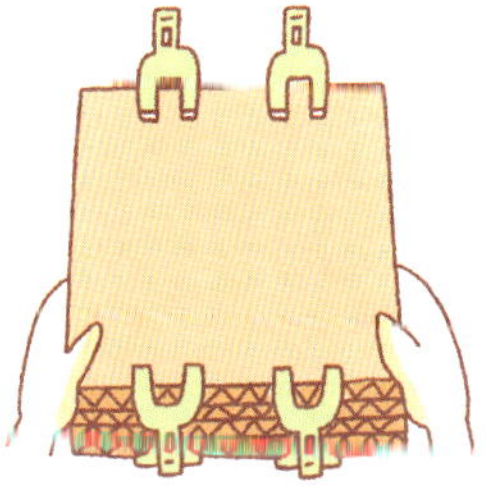

④
すべて重ね終わったら、洗濯バサミでイラストのように4か所をとめます。

⑤
湿気が少なく、風通しのよいところに、1週間ほどおいて乾燥させたら完成です。

【用意するもの】
段ボール 4枚
ティッシュペーパー 3枚
洗濯バサミ（物干しざお用） 4個
好きな花

春の自然を楽しもう！

春の草花を観察しよう

タンポポ
ヨモギ
ナノハナ
ツクシ

春の虫たちを観察しよう

クロオオアリ
テントウムシ
ミツバチ
アゲハチョウ
ヤマトシジミ
モンシロチョウ

3本のシロツメクサをたばね、1本を巻きつけます。

①から2cmくらいあけて、2本目を巻きます。

②をくり返し、頭の大きさに合わせて輪にします。

シロツメクサの花かんむりを作ってみよう

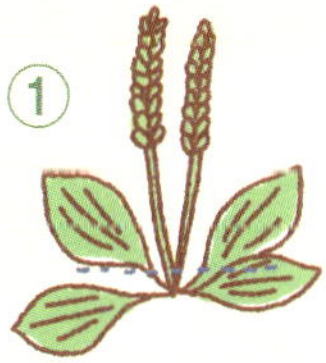

オオバコを根元近くで切りとります。

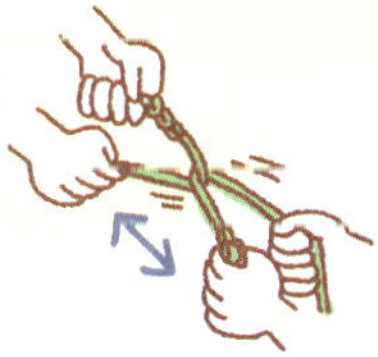

お互いのオオバコをからませ、引っぱりあいます。切れないほうが勝ち。

オオバコの草ずもうに挑戦！

あいさつのマナー

家族や友だち、はじめて会った人にも気持ちのよいあいさつを心がけよう

あいさつは人間関係をスムーズに、豊かにするために欠かせないもの。時間・場所・相手によって言葉が変わるため、使いわけが必要です。日ごろから家のなかであいさつをする習慣をつけるとよいでしょう。

あいさつの仕方一覧

時間や場所		あいさつ
1日のあいさつ	●朝のあいさつ	「おはようございます」
	●昼のあいさつ	「こんにちは」
	●夜のあいさつ	「こんばんは」
出かけたときのあいさつ	●出かけるとき	「いってきます」(相手へ:「いってらっしゃい」)
	●帰ってきたとき	「ただいま」(相手へ:「おかえりなさい」)
	●よその家に上がるとき	「おじゃまします」
	●帰るとき	「おじゃましました」
	●人とわかれるとき	「さようなら」
	●はじめて会った人に	「はじめまして」
気持ちを伝えるあいさつ	●お礼をいうとき	「ありがとうございます(ありがとう)」
	●お礼をいわれたとき	「どういたしまして」
	●あやまるとき	「ごめんなさい」
	●お願いするとき	「お願いします」

4月

まさに春らんまん！
桜が見ごろを迎《むか》えるこの季節、
家族でお花見を楽しみましょう。
新しい年度がはじまるので、
子どもの成長も感じられます。

4月

上旬《じょうじゅん》

新《しん》学《がっ》期《き》

おにいさん・おねえさんになる新しいスタートのとき

新学期ってなに？

幼稚園《ようちえん》や学校でひとつ上の学年に進む年度のはじまりを「新学期《しんがっき》」といいます。

入学する子どもにとっては、はじめて社会と出あうときであり、学年が進む子どもたちにとっては、おにいさん・おねえさんになるときです。どちらも新たなスタートをきることになる、喜《よろこ》ばしい日といえるでしょう。

さてこの新学期、今では、桜《さくら》の見ごろが多い4月のはじめとされますが、昔はアメリカと同じ9月でした。それが明治時代《めいじじだい》に国の方針《ほうしん》により、4月となったのです。

自分で明日の準備をしてみよう！

[持ちものリストを作る]

ハンカチやティッシュ、ぼうしなど、学校や幼《よう》稚《ち》園《えん》で使うものを、
書き出してみましょう。

[決めた時間に寝る]

寝る時間が決まっていると、朝決まった時間に、自然と起きることができます。
寝る前にするべきことも確認しましょう。

① 眠る時間が近づいたら、トイレをすませましょう。

② 寝る前に家族に「おやすみなさい」をいいましょう。

③ 明日着る洋服を用意して、決まった時間にふとんに入りましょう。

4月

上旬《じょうじゅん》

お花《はな》見《み》

桜の下でごちそうを用意し、神さまをおもてなしする行事

お花見ってなに？

家族やお友だちといっしょにごちそうを食べ、桜の花を見て楽しむ「お花見《はなみ》」。今では春のレジャーの代表になっていますが、昔はただ楽しむだけの行事ではありませんでした。

天気予報がなかった時代、人々はその年の農《のう》作物《さくもつ》のできを予想するのに、桜の咲《さ》きぐあいを見ていました。そして、春になると桜の木へ降《お》りてくるという田の神さまをもてなすために、ごちそうを用意したのです。

今のようなお花見になったのは江戸時代《えどじだい》。桜がたくさん植《う》えられ、各地に名所ができました。

マナーを守ってお花見をしよう!

お花見は、みんなで楽しむもの。
そのためにも、ルールを守ることが大切です。

木の上にのぼるのは ×
木が傷つくので、木の上にのぼってはいけません。

桜の木の枝を折るのは ×
公園や土手の木や花は公共のもの。勝手に枝を折ったり、花を持ち帰ったりしてはいけません。

ゴミを持ち帰るのは ◎
近くにゴミ箱があっても、自分で出したゴミは持ち帰るのがマナー。

走り回るのは ×
ほかの人たちの迷惑になるので、走り回ったり叫んだりしてはいけません。

4月
8日

花祭《はなまつ》り

誕生日《たんじょうび》を迎《むか》えたお釈迦《しゃか》さまに甘茶《あまちゃ》をかけてお祝いする

花祭りってなに？

「花祭《はなまつ》り」は、仏教《ぶっきょう》を開いたお釈迦《しゃか》さまの誕生日《たんじょうび》をお祝いする日。お寺では花で飾ったお堂《どう》がつくられ、そこにお釈迦さまの像がおかれます。そしておまいりにきた人は、お釈迦さまの像に頭から甘茶《あまちゃ》をかけ、健康をお祈《いの》りします。

甘茶は、アジサイの仲間であるアマチャの葉を使ったお茶。この日お寺でもらってきた甘茶を家族で飲むと病気をしないといいます。また、甘茶を使って墨《すみ》をすり、「千早振《ちはやぶ》る、卯月八日《うづきようか》は吉日よ、かみさげ虫を成敗《せいばい》ぞする」というおまじないを書いて虫よけにする風習もあります。

花祭りにあわせて、習字に挑戦！　きれいな字を書くよりも、
まずは墨や筆《ふで》になれることが大切です。

習字《しゅうじ》に挑戦してみよう！

① すずりのくぼみに、水差しで水を入れます。

お寺でもらった甘茶で墨をすると、習字がうまくなるといわれている

シュッ　シュッ

② 墨をくぼみの水とからめながらすります。小さな円をえがくようにするのがコツ。

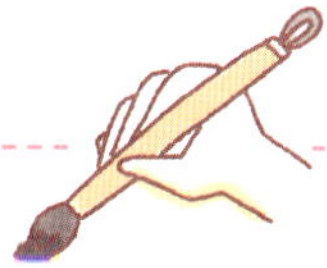

人さし指と中指を筆の上にかける「2本がけ」という持ち方は、手の小さい人におすすめ

③ 筆のまん中あたりを、えんぴつを持つのと同じように持ちます。

【用意するもの】
習字用の筆
すずり
墨
半紙
文ちん
下じき
水差し

右腕のひじをはり、上下に動かないようにする。
ピン
背すじをのばす。
左手で半紙のはしを押さえる。

④ 正しい姿勢で文字を書きます。

4月

春分《しゅんぶん》後の最初の満月の次の日曜日

イースター

無事に冬をこせたことを感謝《かんしゃ》し、春のおとずれを喜びあう日

イースターってなに？

イースターはキリスト教のお祭りなので、日本ではあまりなじみがないかもしれません。十《じゅう》字架《じか》にかけられたイエス・キリストが、３日後に生き返ったことをお祝いする日です。

卵のカラに色をぬったカラフルな「イースターエッグ」がイースターのシンボルとされるのは、新しい命が生まれることを意味するから。

また、イースターは春のおとずれをお祝いする日でもあります。冬を無事にこせたことを、春の女神エストレ（イースターの名のもと）に感謝《かんしゃ》し、お祝いをします。

イースターエッグを作って遊ぼう！

イースターといえば、イースターエッグ。
自分で手作りして家族で楽しくゲームをしましょう。

【用意するもの（ふたつ分）】
卵 2個
ストロー 1本
絵の具
キリ

[イースターエッグの作り方]

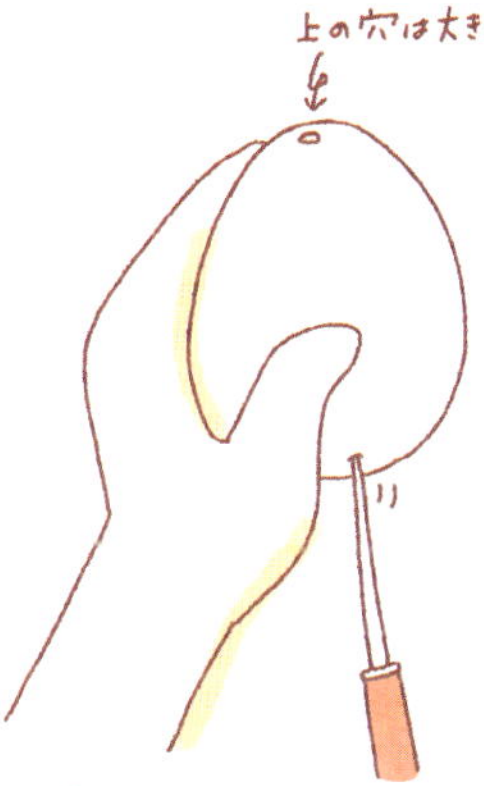

① キリで卵の頭とお尻《しり》に穴をあけます。

② 上の穴にストローをさし入れ、ボウルの上で息をふきこみ、卵の中身を落とし、中をすすぎます。

③ カラがかわいたら、絵の具で卵のカラの表面に好きなイラストや模様《もよう》をかいて完成です。

イースターエッグを使ったゲームをしよう

エッグレース

大きめのスプーンやおたまの上にイースターエッグをのせ、落とさないように競走します。

エッグハント

イースターエッグを家のなかに隠し、宝探しをするゲームです。たくさん見つけた人が勝ちとなります。

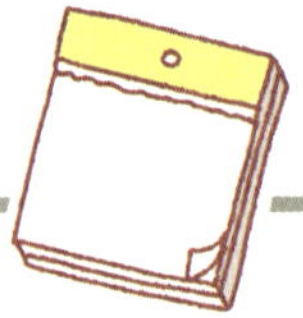

春の行事

新しい命が生まれる「はじまり」の季節。喜びに満ちた春の行事を楽しもう！

あたたかくなるにつれて木々の新芽が育ち、花々が咲きはじめる春。磯《いそ》では貝や海藻が成長し、「潮干狩り」にやってきた人でにぎわい、田畑では、豊作を願う行事が多くおこなわれます。

春の行事一覧

期　間	行　事
3月3日	ひなまつり P32
3月上旬《じょうじゅん》	梅見《うめみ》 P34
3月14日	ホワイトデー
3月18日ごろ～24日ごろ	春のお彼岸《ひがん》 P36
3月下旬《げじゅん》	春休《はるやす》み P40
4月1日	エイプリル・フール
4月上旬	新学期《しんがっき》 P44
4月上旬	お花見《はなみ》 P46
春分後の最初の満月の次の日曜日	イースター P50
5月2日ごろ	八十八夜《はちじゅうはちや》 P54
5月5日	こどもの日 P56
5月第2日曜日	母の日 P58

5月

晴れ間が広がり、
すがすがしい陽気となる5月。
「こどもの日」に「母の日」と、
家族が主役になる行事がつづきます。

5月
2日ごろ

八《はち》十《じゅう》八《はち》夜《や》

茶つみのシーズンとなる春から夏への変わりめ

八十八夜ってなに？

「夏も近づく八十八夜《はちじゅうはちや》〜♪」という茶つみ歌で知られる「八十八夜」。これは昔の暦《こよみ》で、春のはじまりである立春《りっしゅん》（2月4日ごろ）から数えて88日めをさします。そして八十八夜の3日から4日後に迎えるのが、暦の上での夏のはじまりである立夏《りっか》です。つまり八十八夜は、春と夏の季節の変わりめの日であるといえるでしょう。

茶つみ歌が歌われるように、このころは茶つみのシーズンの真っ盛り。八十八夜につんだお茶を飲むと、長生きするといわれます。おいしい新茶を、家族でいただきましょう。

緑茶《りょくちゃ》をいれてみよう！

せっかくの新茶の季節！
おいしいお茶のいれ方を学び、家族に出してみましょう。

[おいしい緑茶《りょくちゃ》のいれ方]

① ポットから茶わんにお湯をそそぎます。茶わんをあたためながら、お湯がほどよい温度になるのを待ちましょう。

② 急須《きゅうす》に、お茶の葉を入れます。

③ ①のお湯を急須に入れてふたをし、葉が開くまで、1分ほど待ちます。

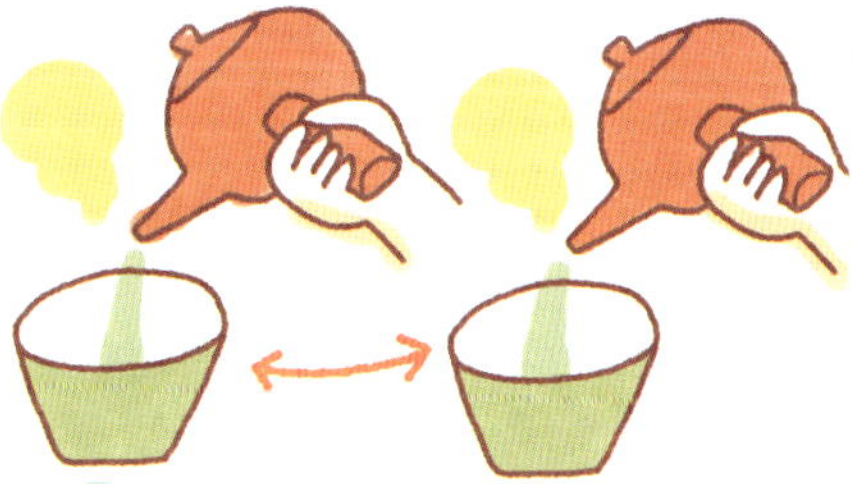

④ 2人分以上いれるときは、人数分の茶わんに交互にお茶をそそぎ、同じ濃さにします。

おいしい紅茶のいれ方

ティーバッグの紅茶も、むらすことでもっとおいしくなります。ぜひためしてみて！

①カップにお湯をそそぎ、ティーバッグを入れます。

②お皿などでふたをして、1分ほど待ちます。

③ふたをあけ、ティーバッグをとりのぞけばできあがり。

5月
5日

こどもの日

鯉《こい》のぼりやかぶとを飾《かざ》り、男の子が元気に育つことを願う

こどもの日ってなに？

5月5日は「こどもの日」。この日は「端午《たんご》の節句《せっく》」にあたり、魔《ま》よけの効果があるとされるショウブを玄関に飾《かざ》ったり、お風呂《ふろ》に入れて、長生きできるように願う昔の中国の行事をはじまりとします。

そして江戸《えど》時代《じだい》には、ショウブが「勝負に強くなる」という意味に結びつき、かぶとや武者《むしゃ》人形《にんぎょう》が飾られるようになりました。

また、鯉《こい》のぼりは「鯉が川を登って龍《りゅう》になる」という中国のことわざから、鯉を立身出世《りっしんしゅっせ》のシンボルとし、飾ることになったのです。

かしわもち作りに挑戦しよう！

【材料(4個分)】
上新粉《じょうしんこ》 120g
お湯 100cc
あんこ 100g程度
(4等分しておく)
かしわの葉 4枚

①
ボウルに上新粉を入れ、熱いお湯を加えながらヘラでまぜます。

②
生地をレンジに入れ、600Wで1分加熱します。とり出してかきまぜ、もう1度レンジへ。生地に強いねばりが出るまで、過熱とまぜをくり返します。

耳たぶくらいのやわらかさをめざそう

③
②が手でさわれるまで冷めるのを待ち、水をつけながら手でこねます。

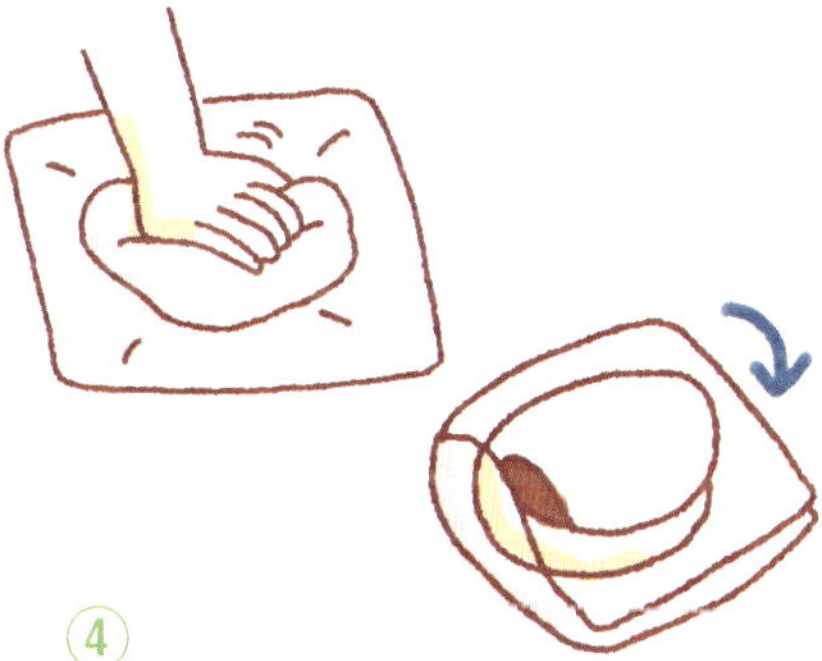

④
ラップをしき、4等分した③を上にのせ、てのひらで押して、だ円形にします。丸めたあんこをのせて2つ折りします。

⑤
たい熱容器に表面を水でぬらしたおもちを並べ、ふんわりとラップをして2分加熱します。加熱後、水をさっとかけてツヤを出します。

⑥
冷めるのを待って、かしわの葉で巻いたら完成です。

5月
第2日曜日

母《はは》の日

大好きなお母さんに心からの「ありがとう」を告《つ》げる日

母の日ってなに?

お母さんに感謝《かんしゃ》を伝える「母《はは》の日」に、赤いカーネーションを贈《おく》る人は多いでしょう。

カーネーションが選ばれる理由は、「母に感謝する日をつくろう」と活動したアメリカのアンナ・ジャービスという女性のエピソードから。

アンナのお母さんが亡くなったとき、アンナはお母さんの好きな白いカーネーションを、おそう式に来た人に配りました。そこで、いつもがんばってくれるお母さんには赤いカーネーションを、亡くなったお母さんには白いカーネーションを贈ることになったのです。

お母さんにとび出すメッセージカードを贈ろう!

【用意するもの】
画用紙 2枚
クレヨンや色えんぴつ

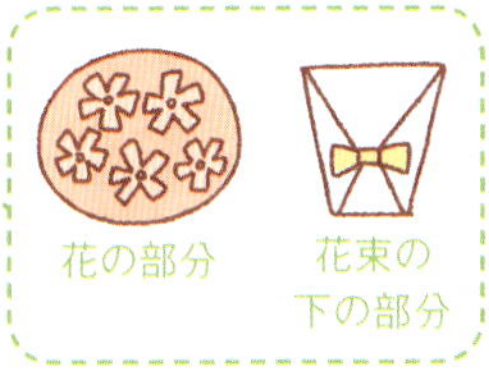

① 画用紙1枚を円と台形の形に切りぬき、右のように花と花束の下の部分の絵をかきます。

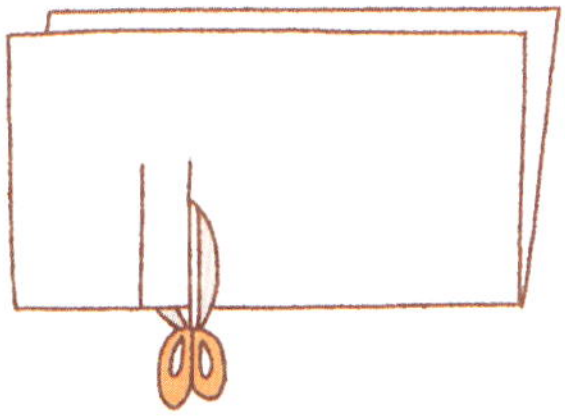

② もう1枚の画用紙を、横に長くなるように半分に折り、それをたてに半分に折ったとき、真ん中にあたる位置に、ハサミで切りこみを入れます。

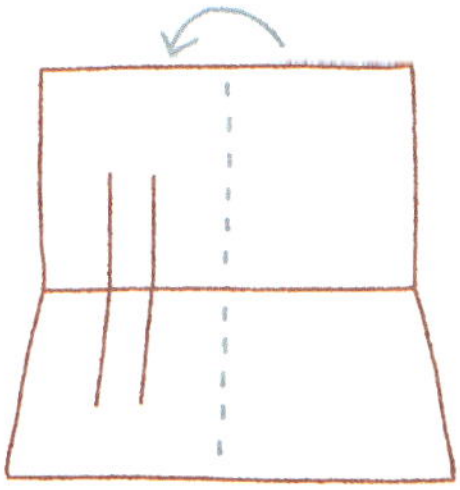

③ 一度開き、点線の部分で折り、はりあわせます。これが、カードの土台となります。

花の部分は、少し手前にはみ出すようにつけると、立体的に見えるよ

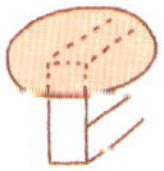

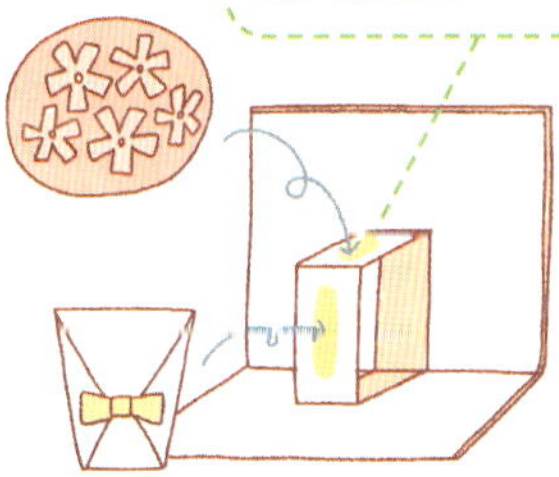

④ 切りこみを入れた部分を起こして、黄色の部分に①で作った2枚の絵をのりづけします。

⑤ 花のまわりにメッセージやイラストをかいたり、シールをはったりして仕上げましょう。

● 食事のマナー ●

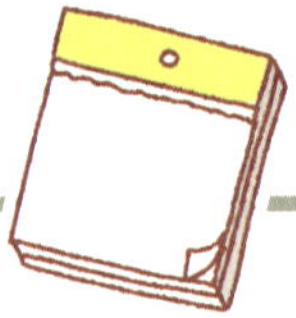

ごはんをおいしく食べるための食事のマナーとルールを知ろう

昔、食べものは神さまからの賜《たまわ》りものと考えられていました。「いただきます」「ごちそうさま」という言葉は神さまへ向けた言葉であり、いただく命に対する感謝の気持ちをあらわす言葉でもあります。

食事のときに気をつけること

- 食べる前には、手を洗う。
- おはしをとる前に「いただきます」、食べ終えたら「ごちそうさま」をいう。
- ひと口30回を目安に、よくかんで食べる。
- 同じものばかり食べず、いろいろなものを順番に少しずつ食べる。
- 好き嫌いをしないよう、残さず全部食べる。

食事の準備・かたづけのお手伝いをしよう

準備	①テーブルをふく…テーブルの上のほこりをとりのぞき、せいけつにします。 ②もりつける…お皿に完成した料理をもりつけます。見ためでもおいしいように工夫して！ ③配ぜんする…テーブルに料理をはこびます。 ④食事を知らせる…家族に食事の用意ができたことを知らせます。
かたづけ	①食器を下げる…食べ終えたあとのお茶わんやお皿をシンクにはこびます。 ②洗いものをする…洗剤で洗って、お皿のよごれをとりのぞきます。 ③テーブルをふく…テーブルをふいて、きれいな状態にします。

6月

雨がつづき、外で遊べず残念に思うでしょうが、
これは田畑の作物や草花の成長をうながすめぐみの雨。
ひと雨ごとに色濃くなる葉の色を確かめてみて。

6月1日

衣《ころも》替《が》え

季節にあわせて着るものの入れ替えをする日

衣替えってなに？

季節の変わりめに合わせて洋服を替えることを、「衣《ころも》替《が》え」といいます。制服がある学校では、6月1日に冬服から夏服へ、10月1日に夏服から冬服へと替えるところが多いようです。

衣替えのはじまりは、平安時代《へいあんじだい》。昔の暦《こよみ》の4月1日と10月1日を「更衣《こうい》」と呼び、衣服だけでなく屏風《びょうぶ》やついたてなどを季節にあったものにとり替えたことにあります。エアコンのない時代、こうして暑さや寒さにそなえたのです。

現在のように衣替えが6月1日と10月1日になったのは、明治時代《めいじじだい》になってからです。

洋服のたたみ方をマスターしよう！

［シャツ類のたたみ方］

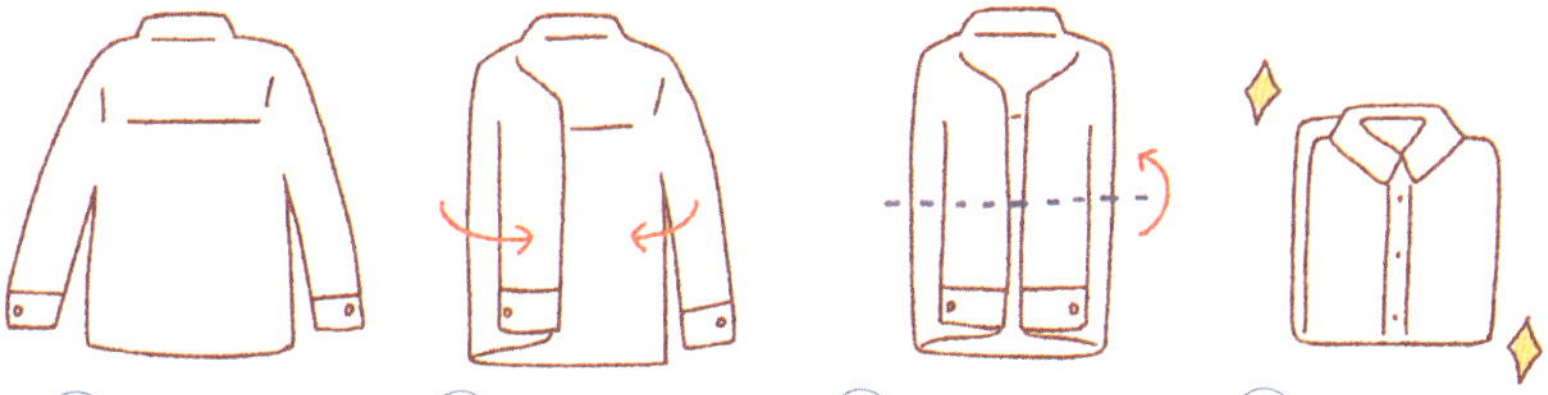

①
シャツのボタンをすべてとめ、背中が上になるように床におきます。

②
イラストのように左ソデを折り、右ソデも同じように折りたたみます。

③
点線の部分で下半分を折り上げます。

④
ひっくり返したら、できあがりです。

［ズボンのたたみ方］

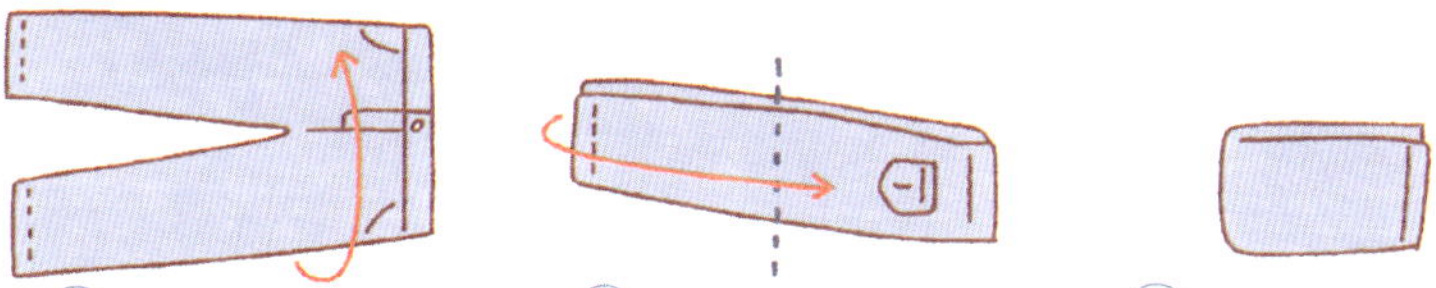

①
ファスナーやボタンをとめ、足部を重ねるように折ります。

②
左から右にむかって、半分に折ります。

③
まだ長いようなら、さらに半分に折ってもよいでしょう。

洋服の早だたみ競争をしよう

だれが1番早くきれいにたためるか勝負しましょう。ゲーム感覚でできるので、子どもにお手伝いと感じさせません。

ルール

同じ枚数の洗濯物を用意し、どちらが早く、美しくたためるか勝負する。早さだけでなく正しくきれいにたたむことが大切とよく教える。

①
洗濯物を2人のまわりに用意し、「よい、スタート」の合図でたたむ。

②
終わったところで、きれいにたためているかチェック。

6月
11日ごろ

入梅《にゅうばい》

梅の実が熟すころにふる めぐみの雨

入梅ってなに？

日本では、6月から7月のなかばころまで、雨が多い日がつづきます。これを「梅雨《つゆ》」といい、そのはじまりの日を「入梅《にゅうばい》」と呼びます。

このころたくさん雨がふるのは、春のあいだ日本をおおっていた冷たい空気と、夏にかけて南からやってくるあたたかい空気がぶつかるから。空気中にただよっていた水蒸気《すいじょうき》が水となり、雨になって地上へおりてくるのです。

雨がつづくと外で遊べず残念ですが、田んぼや畑にとっては、たいせつな雨。昔は、この時期に、田植《う》えや種《たね》まきをしていたそうです。

湿《し》気《け》とりでジメジメ退散！

**梅雨の時期は、部屋のなかもジメジメしてしまいがち。
子どもでもできる簡単湿気とりに挑戦しましょう。**

押し入れの湿気とり

押し入れのふとんの下と背後のカベに、段ボールとすのこをしきます。空気の通りがよくなり、カビの発生を防ぎます。

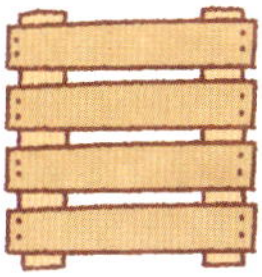

すきまをつくる

家具とカベのあいだには、すきまをつくりましょう。カビがはえるのを、予防できます。

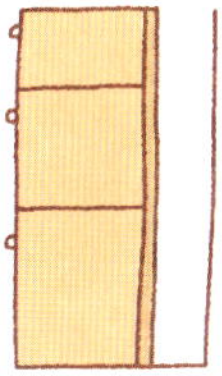

カーペットの湿気とり

重曹《じゅうそう》をカ　ペットに振りかけ、掃除機で吸いとります。これで湿気やにおいがとれます。

たんすに湿気とりを入れる

重曹を小ビンに入れ、ガーゼでふたをすれば、手作り湿気とりのできあがり。たんすのなかに入れましょう。

6月

第3日曜日

父《ちち》の日

がんばり屋のお父さんに日ごろの感謝を伝えよう

父の日ってなに？

6月の第3日曜日は「父の日」。

父の日は、母の日ができたことを知ったアメリカのジョン・ブルース・ドッド夫人という女性が、「父の日もつくってください」と牧師《ぼくし》さんにお願いしたことで誕生《たんじょう》した行事《ぎょうじ》です。

ドッド夫人のお父さんは、奥《おく》さんを早くに亡くしたあと、1人で6人の子どもを育てたりっぱな人。そんなお父さんのため、感謝《かんしゃ》する日をつくりたいとドッド夫人は呼びかけたのです。

バラが父の日のシンボルとなったのは、ドッド夫人がお墓に白いバラをささげたためです。

「お父さん新聞」をプレゼントしよう！

お父さんについて書いた新聞を作ってみましょう。
家族や本人へのインタビュー記事を入れると、読みごたえがありますよ。

①
表面は、最近お父さんに起きた1番大きなできごとを書きましょう。

写真を切りぬいてはると、本格的！

②
裏面は、お母さんや兄弟、おじいちゃん、おばあちゃんに、お父さんについてインタビューした内容をまとめます。

見出し※

インタビューした人の写真や、にがお絵を入れる。

※見出し=記事のタイトルのこと

お手伝い券をつけよう

新聞のおまけに、肩たたきや、くつみがきなど、お父さんが喜びそうなことのお手伝い券をつけるといいですね。画用紙や折り紙などを使って、文字やイラストでにぎやかに作りましょう。

6月30日

夏越《なごし》の祓《はらえ》

お正月《しょうがつ》から半年のあいだについた悪いものをはらい清《きよ》める日

夏越の祓ってなに？

6月も中ごろをすぎると、各地の神社《じんじゃ》で、茅《かや》をたばねて作る「茅《ち》の輪《わ》」が設けられます。

6月末日の「夏越《なごし》の祓《はらえ》」の日にこの輪をくぐると、お正月から6月までのあいだについたけがれ（悪いもの）が落ち、病気にならないといわれています。また、夏の暑さを乗りこえ、残る半年も無事にくらせるようにという願いをこめてくぐる意味もあります。

この日は昔から、形代《かたしろ》という名の紙人形で体をこすり、息をふきかけて自分についた悪いものをうつす風習もあります。

茅の輪をくぐっておまいりしよう！

［茅の輪のくぐり方］

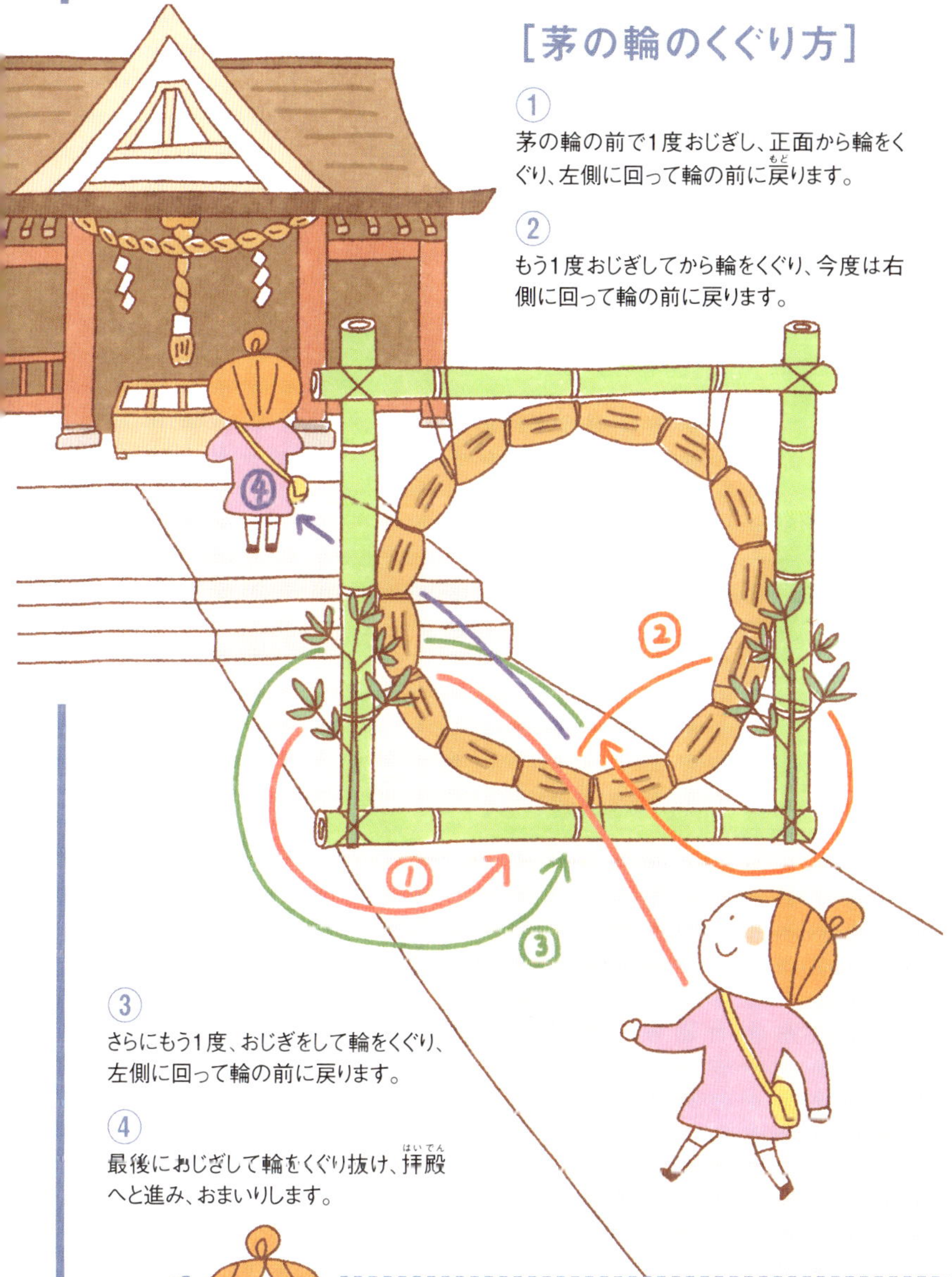

①
茅の輪の前で1度おじぎし、正面から輪をくぐり、左側に回って輪の前に戻《もど》ります。

②
もう1度おじぎしてから輪をくぐり、今度は右側に回って輪の前に戻ります。

③
さらにもう1度、おじぎをして輪をくぐり、左側に回って輪の前に戻ります。

④
最後におじぎして輪をくぐり抜け、拝殿《はいでん》へと進み、おまいりします。

昔から茅の輪くぐりは、以下の「古歌《ふるうた》」を口にしながらおこなうとよいとされます。
「水無月《みなづき》の 夏越《なごし》の祓《はらえ》する人は ちとせの命 のぶというなり」

● 春・夏の祭り ●

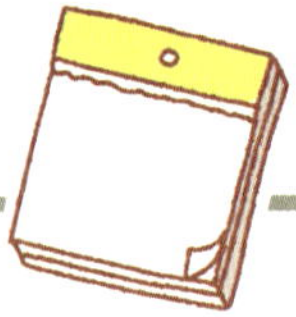

農村中心の「春祭り」と災厄《さいやく》をはらう都市中心の「夏祭り」

田植えの季節である春には、「葵祭《あおいまつり》」をはじめ豊作を祈る祭りが各地でおこなわれます。夏は、青森の「ねぶた祭」など、農作業中の睡魔を流す農業に関するお祭りのほか、疫病や害虫などをはらうお祭りがあります。

春・夏の全国のおもな祭り一覧

期間	行事
3月1日～14日	修二会《しゅにえ》(奈良市・東大寺《とうだいじ》)
3月10日～14日	春日祭《かすがさい》(奈良市・春日大社《かすがたいしゃ》)
4月上旬《じょうじゅん》、5月上旬	御柱祭《おんばしらまつり》(長野県各所・諏訪大社《すわたいしゃ》) ※7年ごとに開催
4月14日、15日	春の高山祭《たかやままつり》(高山市・日枝神社《ひえじんじゃ》)
5月15日	葵祭《あおいまつり》(京都市・上賀茂神社《かみがもじんじゃ》、下鴨神社《しもがもじんじゃ》)
7月中旬～9月上旬	郡上《ぐじょう》おどり(郡上市)
7月	祇園祭《ぎおんまつり》(京都市)
7月24日～25日	天神祭《てんじんまつり》(大阪市・大阪天満宮《おおさかてんまんぐう》)
8月上旬	青森《あおもり》ねぶた祭、弘前《ひろさき》ねぷたまつり(青森市、弘前市)
8月3日～6日	秋田竿燈《あきたかんとう》まつり(秋田市)

7月

7月は海開《うみびら》きと山開《やまびら》きからはじまります。
暑さで体調をくずさないよう、
熱中症《ねっちゅうしょう》に気をつけて、
季節の遊びを楽しみましょう。

7月1日ごろ

山開《やまびら》き・海開《うみびら》き

その年はじめて、山と海に入ることができる日

山開き、海開きってなに？

「山開《やまびら》き」は、その年はじめて、山へ入ることができる日のこと。じつは昔、山は神さまが住むところと考えられていたため、勝手に入ってはいけない決まりになっていました。

ですが、夏の決まった期間《きかん》だけは、山に入ることが許されたので、その最初の日を「山開き」といってお祭りをして、安全を願ったのです。

「海開《うみびら》き」は、その年はじめて海水浴《かいすいよく》ができる日のこと。昔の日本人にとって水につかるのは、体を清《きよ》める行為でしたが、健康のため、遊びのための海水浴が伝わり、今にいたります。

海やプールで遊ぼう!

海で注意すること

沖(海の奥)には行かない。ブイなどで目印があれば、それより先に進まないこと ×
波が高いところには、近づかない ×
熱中症《ねっちゅうしょう》、日焼け防止のため、帽子をかぶり、上着を着る。サンダルをはいて、足元を守る ◎

プールで注意すること

すべりやすいので、プールサイドは走らない ×
入る前には、しっかりと準備体操をする ◎
危ないので、プールには飛びこまない ×

7月
7日

七夕《たなばた》

たんざくに願いごとを書いて笹竹《ささたけ》に下げると、かなうとされる行事

七夕ってなに？

7月7日の「七夕《たなばた》」の日は、おり姫《ひめ》とひこ星《ぼし》が1年に1度会える日として知られます。この日、たんざくに願いごとを書いて笹竹《ささたけ》につるすと、願いがかなうといわれていますね。

おり姫とひこ星は昔の中国のお話がもとになっていて、そこに日本で古くから信じられていた「棚機《たなばた》つ女《め》」の信仰《しんこう》が加わり、今の七夕の行事が生まれました。

「棚機つ女」は、神さまのために乙女《おとめ》が服をおると、神さまが村の悪いものをすべて持って帰ってくれるというお話です。

七夕の飾りつけを作ろう!

【用意するもの】
折り紙 好きなだけ
画用紙 好きなだけ
絵の具
ヒモ

[スイカのたんざくの作り方]

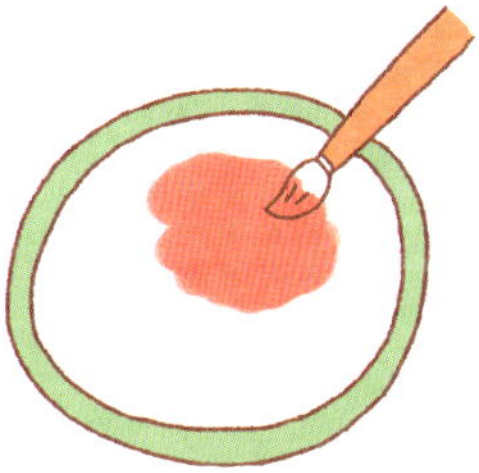

①
画用紙を好きな大きさに丸く切りぬき、ふちを緑色でぬったら、真ん中を赤くぬります。

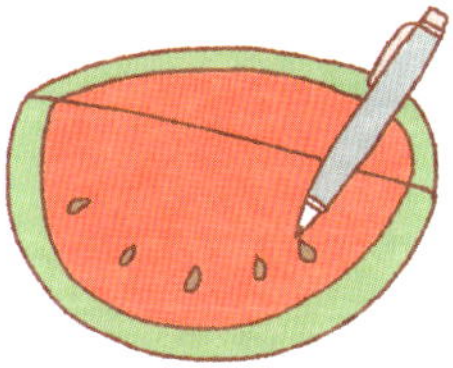

②
半分に折り曲げ、赤くぬった部分に種をかきます。

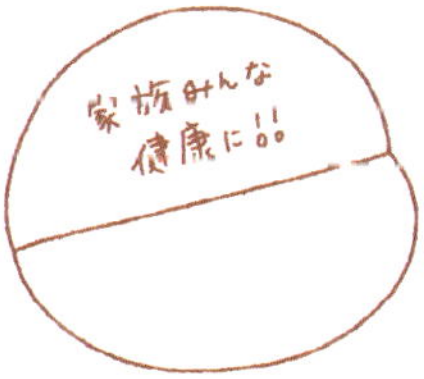

③
②がかわいたら、広げて内側に願いごとを書きましょう。

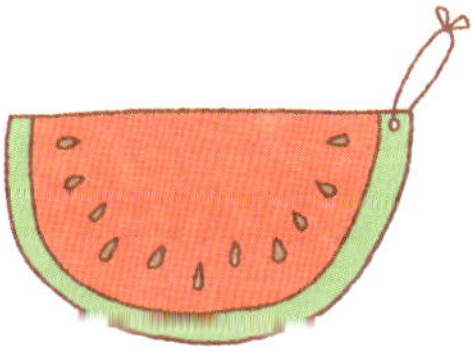

④
はしにヒモをつければ、スイカのたんざくのできあがり。

[ふきながしの作り方]

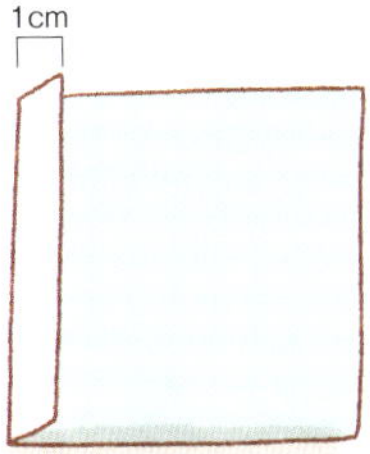

①
折り紙のはしを1cm、谷折りにします。

②
横半分に折ります。これを4〜5回くり返し、細かい折り目を作ります。

③
折り紙を開いて、①の折り返しの手前まで折り目をはさみで切っていきます。

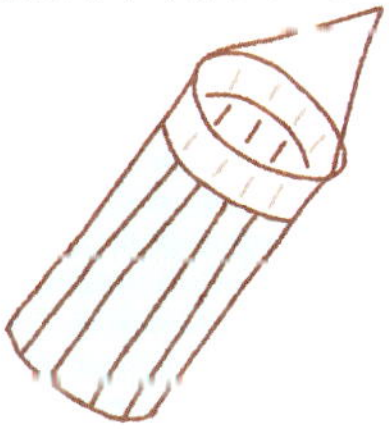

④
③を輪にして、折り返しの部分をテープでとめたら、完成です。

おうちでプラネタリウムを楽しもう！

③
カップめんの容器の内側を2個ともアルミホイルでおおいます。

④
内側からキリをさして、小さな穴をあけます。好みの場所にたくさんあけましょう。

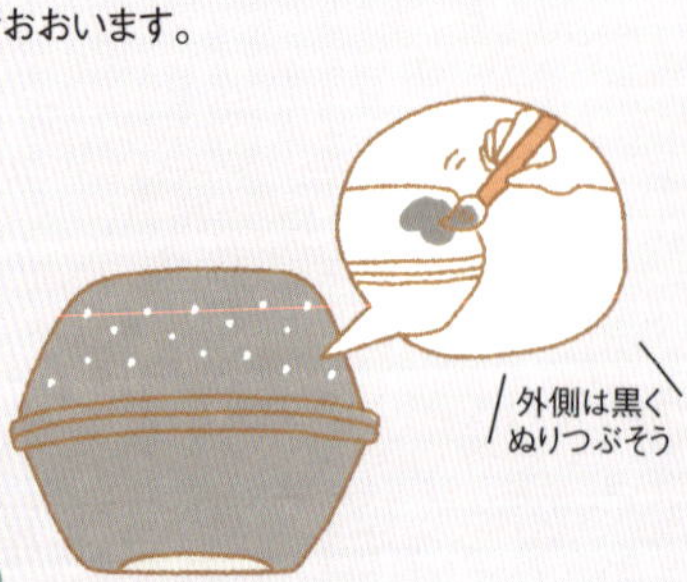

⑤
底を切りぬいていないほうが上になるようにして、2個の容器をはりあわせます。

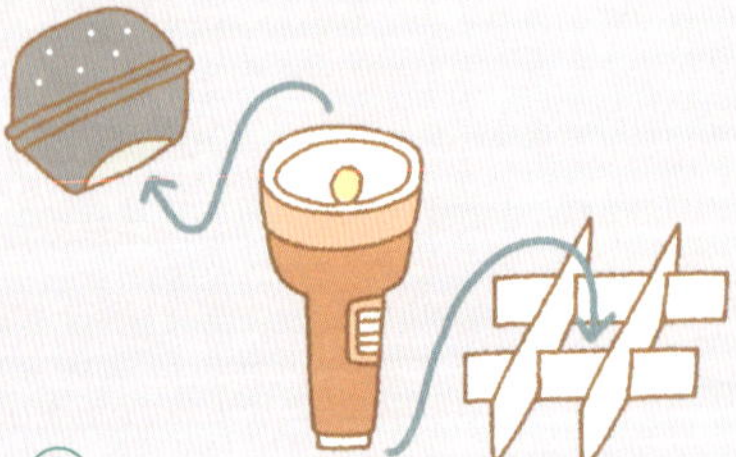

⑥
⑤の底の穴に懐中電灯のライトをさしこみ、①の台に立てれば完成です。

おうちプラネタリウムを作ろう

**カップめんの容器を使って、
プラネタリウムを作ってみましょう。
穴の開け方で星の見え方が変わるので、
自分好みの作品ができあがります。**

【用意するもの】
ハガキサイズの厚手の紙 2枚
うどんなどの大きめの
カップめんの容器 2個
黒のアクリル絵の具
アルミホイル
懐中電灯

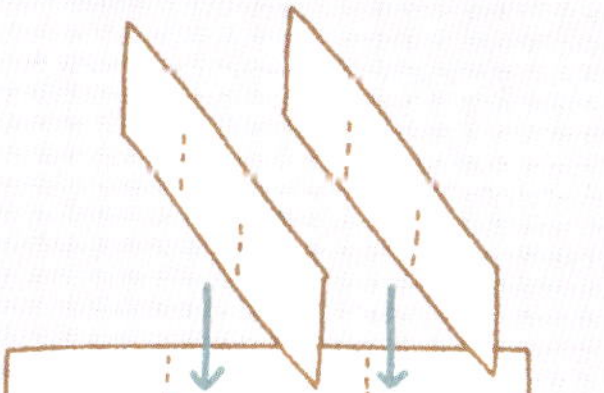

① ハガキサイズの紙をたて半分に切り、切りこみを入れてふたつを組みあわせ、懐中電灯《かいちゅうでんとう》を立てる台を作ります。

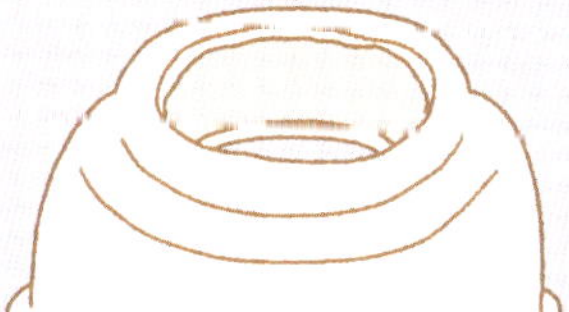

② カップめんの容器のうち、1個の底を懐中電灯のライトの大きさにあわせてカッターで切りぬきます。

7月

初旬《しょじゅん》～15日ごろ

お中《ちゅう》元《げん》

お世話になった人に感謝《かんしゃ》の贈《おく》りものをする

お中元ってなに？

日本には、夏のこの時期、お世話になった人へ贈《おく》りものをする「お中元《ちゅうげん》」の習慣があります。お中元は、もとはというと、中国の道教《どうきょう》の神さま・地官《ちかん》の誕生日を祝う行事でした。ところがこれが日本に伝わると、お盆《ぼん》の時期と近かったため、ご先祖《せんぞ》さまへのお供《そな》えものを、親戚《しんせき》や知人に贈る習慣へと変わったのです。

昔は直接相手の家へお供えものを届けるのがふつうでしたが、やがて贈りものだけを送るようになりました。なお、年の暮《く》れには、1年の感謝をこめて「お歳暮《せいぼ》」を贈る習慣もあります。

のし紙のルールを知ろう!

お中元やお歳暮など、日本には節目に贈りものをしあう文化があります。こうした贈りものをするとき、包みの上から「のし紙」という特別な紙を巻きます。

水《みず》引《ひ》き

贈りものの上にかける飾りのヒモ。おもに3つの結び方がある。

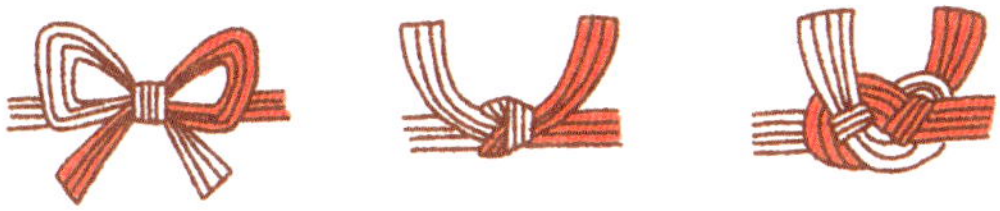

【ちょう結び】
簡単にほどけて結び直せるので、出産のように何度あってもよいお祝いのときに使う。

【結び切り】
結んだらほどけない結び方で、「結婚祝い」や「快《かい》気《き》祝い」のようにくり返さないときに使う。

【あわび結び】
「結び切り」を豪《ごう》華《か》にしたもので、結婚式に使われることが多い。

のし

長生きや繁栄《はんえい》を願う縁《えん》起《ぎ》もの。昔、贈りものに長くのばして干したあわびをつける習慣があり、このあわびを簡略化したものが、のし。魚介類や肉類を贈るときには、つけないのが決まり。

表書き

「お中元」「お歳暮」など、贈る目的を書く。

贈り主の名前

表書きの下に、表書きより少し小さめの字で書く。

7月

20日ごろ〜8月7日ごろ

土用《どよう》のうなぎ

夏の暑《あつ》さに負けないためにうなぎを食べて元気をつけよう

土用のうなぎってなに？

現在、「土用《どよう》の丑《うし》の日には、うなぎを食べる」習慣が当たり前のようになっています。

これは、栄養《えいよう》たっぷりのうなぎを食べて、夏バテを予防しようという考えによるもの。この習慣が広まるきっかけをつくったとされるのが、江戸《えど》時代《じだい》の学者・平賀源内《ひらがげんない》です。夏になるとさっぱり売れずに困っていたうなぎ屋のために、「食《しょく》すれば夏負《なつま》けすることなし」という宣伝文《せんでんもん》句《く》をつくったところ、大評判となりました。

また、この時期は梅雨《つゆ》あけにもあたるため、衣服や本を干す「土用干《どようぼ》し」の習慣もあります。

「う巻き」を作ってみよう！

うなぎのかば焼きを卵で巻いて焼く「う巻き」。口当たりがやさしく、ビタミンも豊富なうなぎ料理の定番を食べて、暑い夏をのりきりましょう。

【材料(1本分)】
卵 4個
うなぎのかば焼き
(卵焼き器の幅に合わせて切っておく)
サラダ油
〈合わせ調味料〉
だし汁(かつおだし) 45cc
うすくちしょう油 小さじ1
みりん 小さじ1
塩少々

①
卵をボウルに割り入れ、ほぐしてから〈合わせ調味料〉を加えて、よくかきまぜます。また、うなぎのかば焼きを電子レンジなどであたためておきましょう。

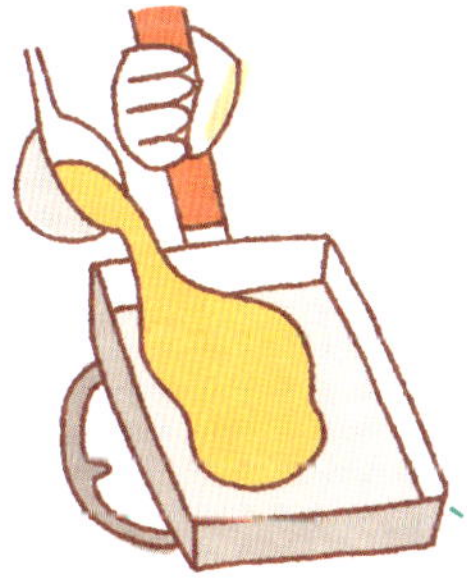

②
卵焼き器にサラダ油をひき中《ちゅう》火《び》で熱したら、①を流し入れ、「じょうずな焼き方」の手順で焼きます。

③
「う巻き」を卵焼き器から出し、巻きすで巻いて、形を整えます。

卵のじょうずな割り方

① 平らなところに卵をぶつけて、ひびを入れる。

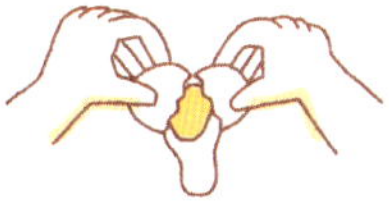

② 両手の親指をひびにあて、卵のカラを開く。

じょうずな焼き方

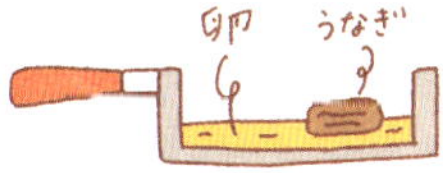

① 卵を卵焼き器に伸ばし、半熟になったら、端にうなぎを入れる。

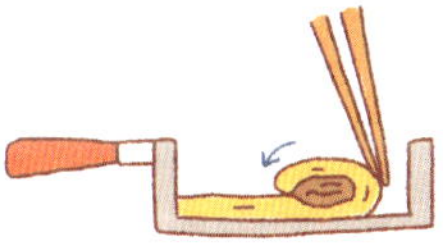

② はしで卵焼き器の向こう側から、手前に向かって卵を巻く。

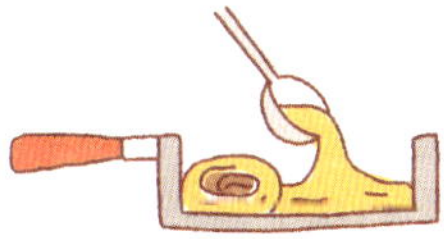

③ 卵焼き器のあいた部分にサラダ油をぬり、残りの生地の半分を流し入れて巻く。最後に残った生地を流し入れ、もう1度巻く。

● 夏の行事 ●

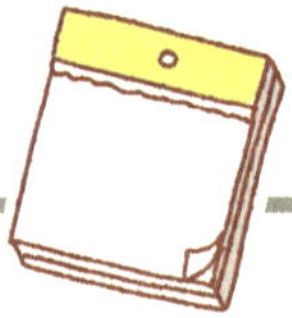

暑い夏には、健康を祈る祭りや涼しさを求めるイベントがもりだくさん！

夏の行事は、暑い日々を無事にすごすための工夫が感じられるものが多くあります。お中元や暑中見舞いで、親しい人へ感謝を伝えるとともに健康を気づかい、土用では力をつけるために、うなぎを食べます。

夏の行事一覧

期　間	行　事
6月1日	衣《ころも》替《が》え 📖 P62
6月11日ごろ	入梅《にゅうばい》 📖 P64
6月第3日曜日	父《ちち》の日 📖 P66
6月21日ごろ	夏至《げし》(1年でもっとも昼間が長い日)
6月30日	夏越《なごし》の祓《はらえ》 📖 P68
7月1日ごろ	山開《やまびら》き・海開《うみびら》き 📖 P72
7月上旬《じょうじゅん》ごろ	ほおずき市《いち》・朝顔市《あさがおいち》
7月7日	七夕《たなばた》 📖 P74
7月初旬《しょじゅん》〜15日ごろ	お中元《ちゅうげん》 📖 P78
7月7日ごろ〜8月7日ごろ	暑中《しょちゅう》見《み》舞《ま》い 📖 P90
7月20日ごろ〜8月7日ごろ	夏の土用《どよう》 📖 P80
7月下旬《げじゅん》〜8月末	夏休《なつやす》み 📖 P84
8月1日	八朔《はっさく》 📖 P86
8月13日〜16日ごろ	お盆《ぼん》 📖 P92

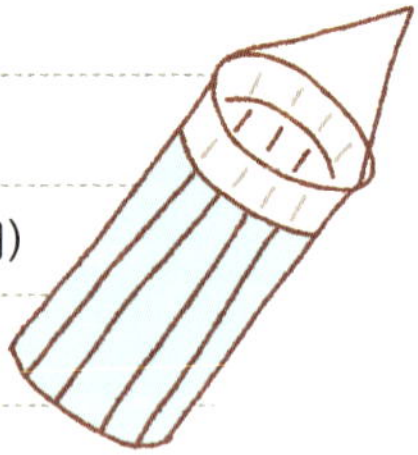

8月

7月下旬《げじゅん》に始まった夏休みも、
いよいよ本番。お盆にお祭りにと
イベントがもりだくさんです。
家族で季節行事に参加しましょう。

7月下旬《げじゅん》〜
8月末まで

夏《なつ》休《やす》み

暑さきびしい季節につくられた長いお休み

夏休みってなに？

夏休《なつやす》みは、約1か月も学校がお休みになるとき。なぜこんなに長いのかというと、暑さがきびしい季節に、体を休ませるため。

でもいっぽうで、ふだんなかなか体験できないさまざまなことにチャレンジする、絶好《ぜっこう》のチャンスでもあります。

海水浴《かいすいよく》やキャンプ、山登《やまのぼ》り、昆虫採集《こんちゅうさいしゅう》などをして遊んだり、花火大会やほたる狩《が》りを楽しむこともあるでしょう。あるいは、アサガオを育てたり、セミやトンボを追いかけたりと、生活のなかにも自然が感じられる季節です。

花火をするときはマナーを守ろう！

✕ 花火を人のいる方に向けてはダメ

✕ おき型の花火を手に持つなど、使用方法を守らないのはダメ

花火は遊び方を間違えると、とても危険です。
遊ぶときにやってはいけないことをおさらいしましょう。

✕ 1度にたくさんの花火に火をつけてはダメ

✕ 花火のなかをのぞきこんではダメ（消えたあとでも）

[花火をするときに必要なものとは?]

バケツ
花火の火を消すために必要。水をはっておく。

ろうそく
花火の火だねにするのに使う。

ライター、マッチなど
ろうそくに火をつけたり、おき型の花火に火をつけるのに使う。

ゴミ袋
遊び終わった花火や燃えカスなどを入れて持ち帰る。

8月1日

八朔《はっさく》

田の神さまに豊作をお願いするお祭り

八朔ってなに？

昔の暦《こよみ》（旧暦《きゅうれき》）では、お正月から210日めにあたる8月1日（現在の9月1日ごろ）に、台風が上陸するとし、二百十日《にひゃくとおか》と呼んでいました。さらに、1日を「朔《さく》」とも書いたことから、旧暦の8月1日を「八朔《はっさく》」といいます。

八朔はちょうど稲穂《いなほ》が出はじめる大事な時期。そこで古くから農家では、田の神さまにこの日を無事にすごせるようにと、お願いをしました。

現在では、新暦の8月1日に、江戸時代ごろにはじまったとされる「八朔ずもう」が、各地の神社でおこなわれています。

紙ずもうで八朔ずもうに挑戦!

八朔には、各地で子どものすもう大会「八朔ずもう」がおこなわれます。家庭では「紙ずもう」にして遊びましょう。

【用意するもの】
画用紙（6cm×8cm）2枚
折り紙 1枚
空き箱 1個

空き箱はお菓子箱（紙でできたもの）やティッシュケースなど、あるものを使おう

［紙ずもうの作り方・遊び方］

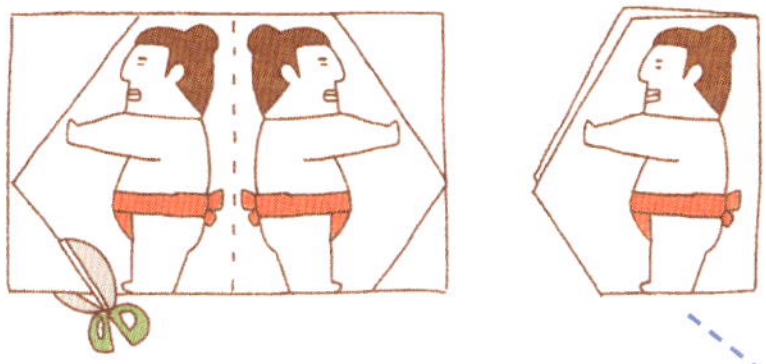

① 力士を作る

2枚の画用紙に、それぞれ上のイラストのように直線を引き、線の内側に力士の絵をかきます。線にそってはさみで切りましょう。

いろいろな力士を作ってみよう!

自分自身のにがお絵や動物など、好きなキャラクターをかき、自分だけの力士を作ろう。人のかたちに切ってもOK

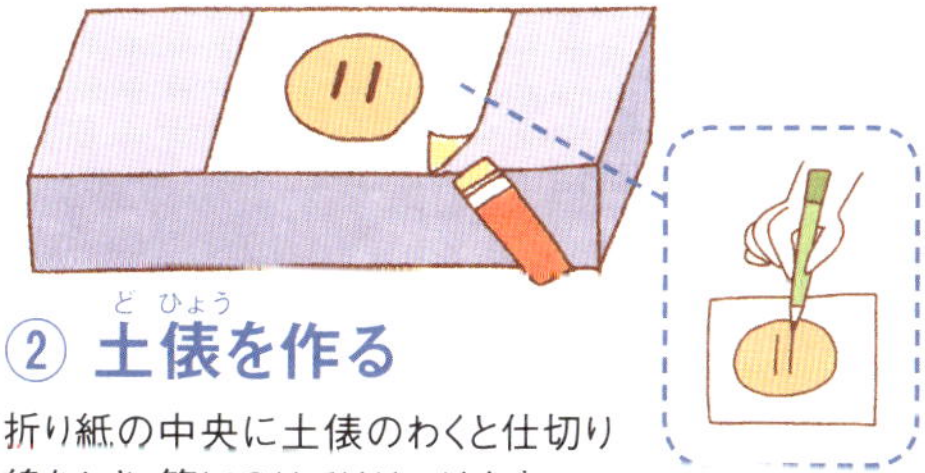

② 土《ど》俵《ひょう》を作る

折り紙の中央に土俵のわくと仕切り線をかき、箱にのりではりつけます。

③ 2人で遊ぶ

土俵上に力士をおき、箱のはしを指でたたいて、すもうをとります。
先に倒れるか、土俵のわくから出たほうが負けです。

昆《こん》虫《ちゅう》をつかまえよう!

夏の昆虫たち

カブトムシ、クワガタムシをつかまえてみよう

カブトムシ
むねについた短い角《つの》をつかむ。

クワガタムシ
背中からむねの両わきをつかむ。

セミのつかまえ方

①すばやく虫とりあみをかぶせる。

②虫とりあみの入り口部分を折り曲げて、とじる。

③虫とりあみの中に手を入れて、セミをつかまえる。

木にしかけを作ろう

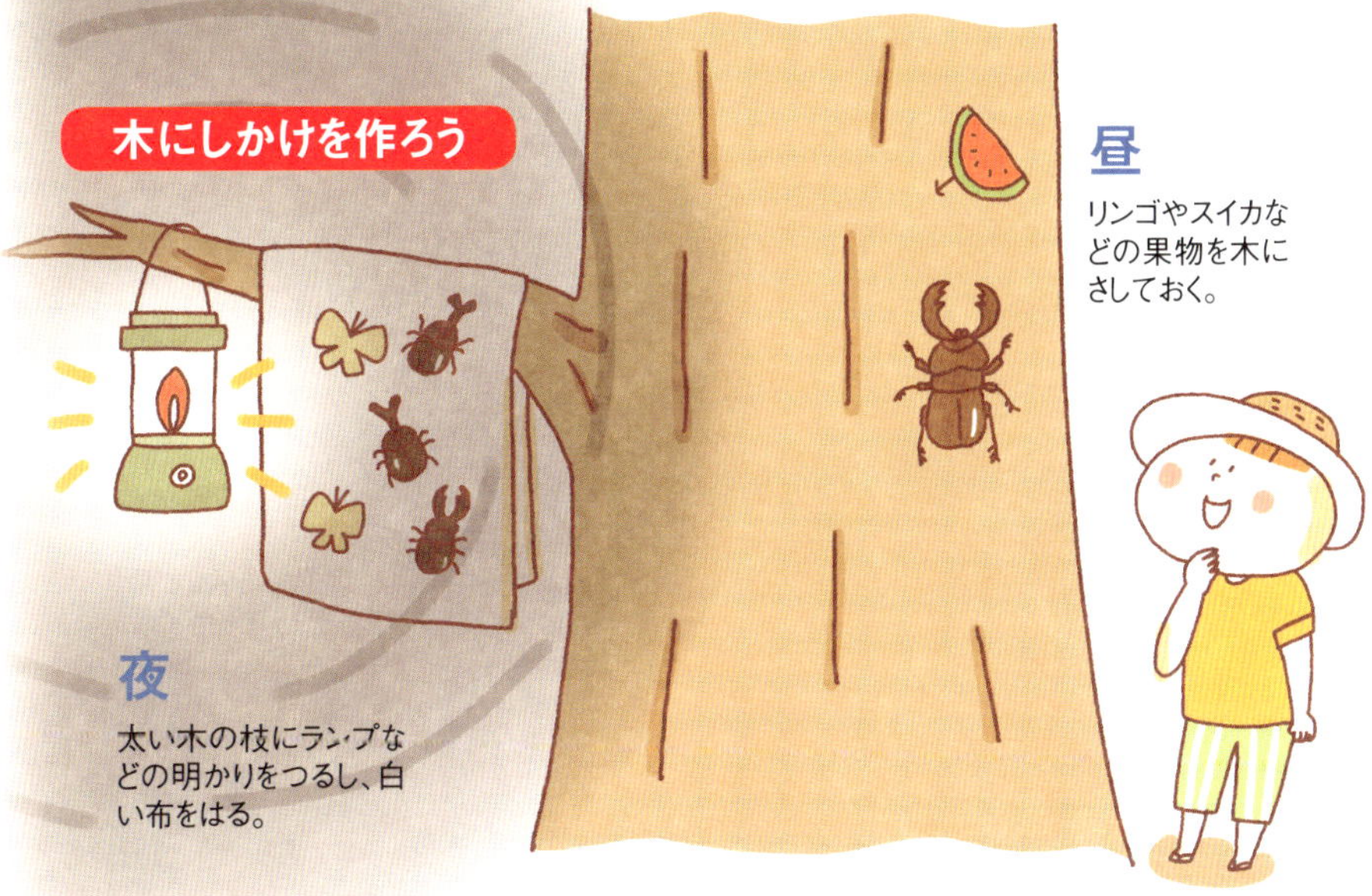

夜

太い木の枝にランプなどの明かりをつるし、白い布をはる。

昼

リンゴやスイカなどの果物を木にさしておく。

カブトムシのじょうずな探し方

カブトムシになかなか出あえないときは、いそうな場所を中心に探してみよう。

木の根元や落ち葉の下

カブトムシは夜行性。昼間は、木の根元の土や、落ち葉の下などにもぐっているよ。

幹がめくれた木

カブトムシは樹液が大好物。クヌギやミズナラ、カシなどの木の幹の皮がめくれたところにいるよ。

切り株のなか

倒れてくさった木や切り株のなかには、カブトムシの幼虫が隠れていることが多いよ。

7月7日ごろ〜8月7日ごろ

暑《しょ》中《ちゅう》見《み》舞《ま》い

暑いさなかに、親しい人の健康を気づかうおたよりを

暑中見舞いってなに？

夏のさなか、相手の健康を気づかって出す手紙が「暑中《しょちゅう》見《み》舞《ま》い」。昔はお盆《ぼん》のときに、ご先祖さまのためのお供《そな》えものに手紙をそえていましたが、贈《おく》りものがお中元《ちゅうげん》に変わったことで、手紙だけを暑中見舞いというようになりました。

暑中見舞いを出す相手は、年賀状《ねんがじょう》よりも親しい人にかぎられます。出す時期は、夏の暑さが本格的になる小暑《しょうしょ》（7月7日ごろ）から、暦の上での秋のはじまりである立秋《りっしゅう》（8月8日ごろ）の前日まで。立秋をすぎてから出す場合は、暑中見舞いではなく「残暑《ざんしょ》見《み》舞《ま》い」となります。

暑中見舞いを出してみよう！

[はがきの書き方]

郵便番号
住所に割りふられた番号を書く。

切手
郵便を送る料金の代わりにはる。はじめから切手が印刷されている官《かん》製《せい》はがきの場合は不要。

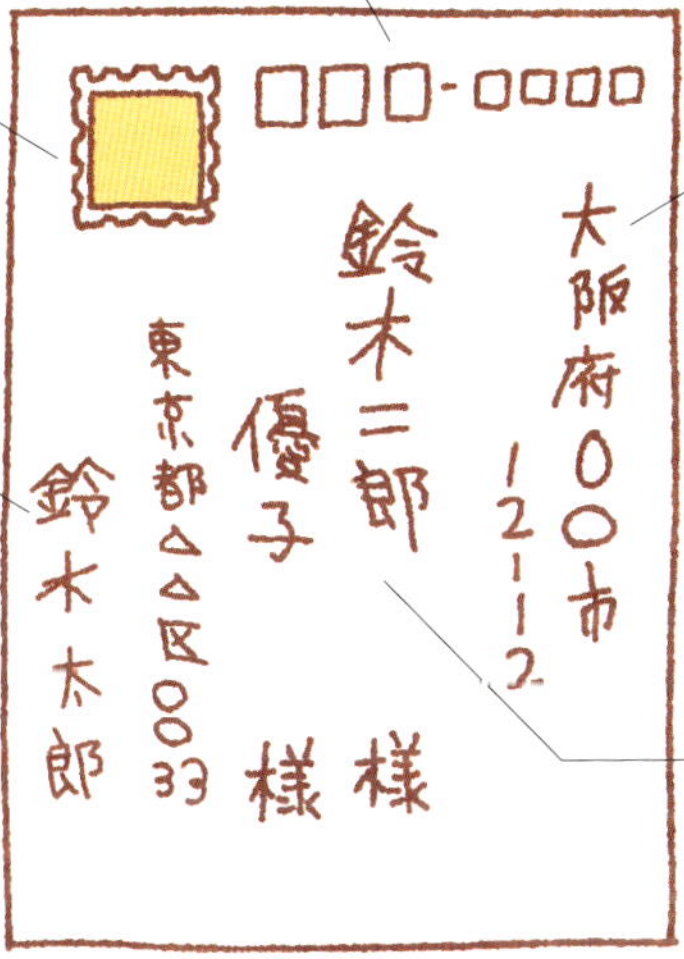

□□□-□□□□
大阪府〇〇市1-2-1-2
鈴木二郎様
優子様
東京都△△区〇〇33
鈴木太郎

相手の住所
相手の住所を書く。書ききれない場合は、途中で行を替えて書く。

送り主の住所と名前
自分の住所と名前を書く。相手の住所や名前より小さな字で書く。

相手の名前
相手の名前を書く。住所よりも大きな字で、名前のあとには、「様」と入れよう。

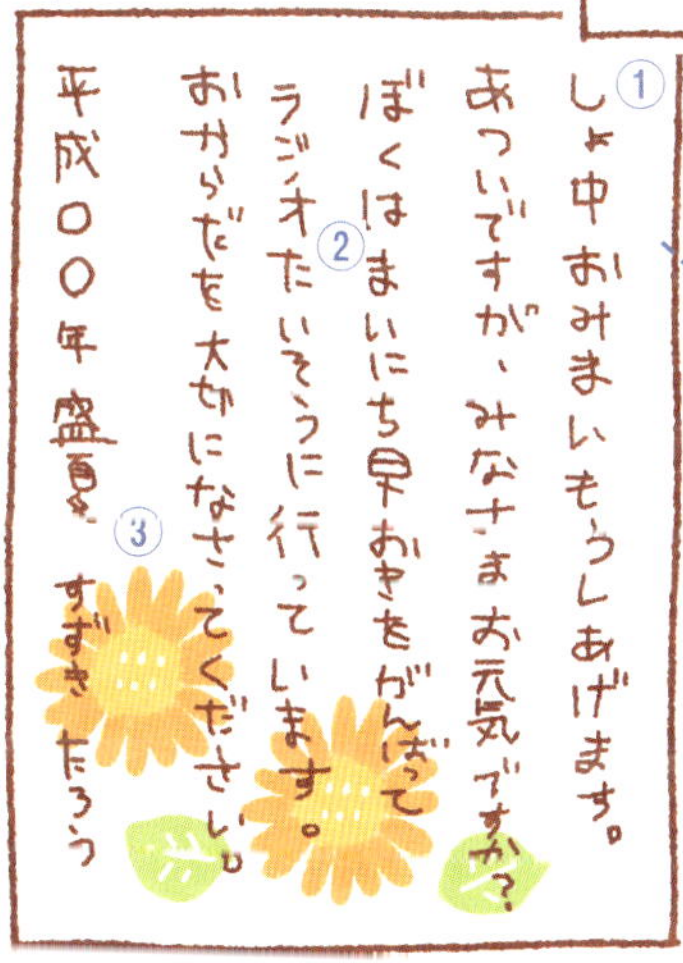

①
しょ中おみまいもうしあげます。
あついですが、みなさまお元気ですか？
②
ぼくはまいにち早おきをがんばってラジオたいそうに行っています。
おからだを大切になさってください。
③
平成〇〇年盛夏
すずきたろう

文章の書き方・ルール

①季節のあいさつ
暑中見舞いであれば、「暑中お見舞い申し上げます」。残暑見舞いであれば、「残暑お見舞い申し上げます」など決まったあいさつ文を書く。

②本文
はじめに相手の最近の様子をうかがう言葉を、そのあとに、最近自分に起こったできごとを書く。最後に、相手の健康を祈る言葉でしめくくる。

③日付
平成〇〇年などの年号のあとに、暑中見舞いの場合は「盛夏《せいか》」、残暑見舞いの場合は「晩夏《ばんか》」「立《りっ》秋《しゅう》」などの決まった言葉を入れる。

8月
13日〜16日ごろ

お盆《ぼん》

ご先祖《せんぞ》さまをお迎《むか》えしてなぐさめ、ともにすごすとき

お盆ってなに？

8月13日から16日ごろのあいだを、「お盆《ぼん》」といいます。お盆には、ご先祖《せんぞ》さまの霊《れい》があの世から戻《もど》ってくるとされ、この時期は、精霊棚《しょうりょうだな》という棚を作って花を飾《かざ》り、お供《そな》えものをします。そして、お坊《ぼう》さんにお経《きょう》を読んでもらい、ご先祖さまの魂《たましい》をなぐさめるのです。

お供えもののなかの、きゅうりで作った馬となすで作った牛は、ご先祖さまに早く来てもらうために馬に乗っていただき、あの世へ帰るときは、牛に乗ってゆっくり行ってほしいという願いから、供えられるようになりました。

精霊棚《しょうりょうだな》を飾ろう！

お盆にはご先祖さまの霊をもてなすために、
精霊棚を用意する風習があります。
仏壇《ぶつだん》の前に小机をおき、ご先祖さまの位牌《いはい》やお供えものを飾りましょう。

笹
ご先祖さまの霊が降りてくるときの目印。
位牌《いはい》
普段、仏壇にまつられている位牌《いはい》（ご先祖さまの名前が書かれた板）を並べる。
ほおずき
ちょうちんの代わりにさげる。
お供えもの
季節の果物や野菜などの新鮮な初ものを並べる。
真菰《まこも》
「真菰」というススキに似たもので編んだゴザをしく。
りん
精霊棚をおがむときに鳴らす。
香炉《こうろ》
火をつけた線香《せんこう》を立てる。

きゅうりの馬となすの牛の作り方

① 割りばしを5cm程度に切ったものを8本用意します。

② 割りばしを牛や馬の足に見立て、きゅうり、なすの側面4か所にさします。

浴衣《ゆかた》を着せてもらおう!

お盆の季節には、盆踊り大会が開催されるところが多くあります。
浴衣を着て、盆踊りに参加しましょう。

背のぬいめが、背中の中心にくるようにはおりましょう。

①
左のえりが前にくるようにはおり、右前《みぎまえ》になるように合わせます。

②
つけヒモを腰のうしろで交差させ、前に持ってきて結びます。

③
結んだつけヒモの両はしをうしろへ回し、ヒモのあいだにはさみます。

④
兵児《へこ》帯《おび》を2回おなかに巻きつけてから、背中でひとつ結びます。

⑤
最後のちょう結びは、女の子と男の子で大きさを変えます。女の子は大きめに、男の子は小さめに作りましょう。

9月

だんだんと日が短くなるにつれ、
夏らしさが遠のき、
秋の風が感じられるようになります。
空が澄んでいるため、
月もいっそう美しく見えます。

9月
9日

重陽《ちょうよう》の節句《せっく》

菊《きく》の香りを楽しみながら長寿《ちょうじゅ》を願う行事《ぎょうじ》

重陽の節句ってなに？

昔の中国では、9月9日は、とてもめでたい日といわれていました。縁起《えんぎ》がよいとされる陽《よう》数《すう》（奇数《きすう》）のうち、1番大きな数が重なることから、この日は「重陽《ちょうよう》の節句《せっく》」と呼ばれます。

重陽の節句では、菊《きく》の花を飾ったり、花びらを浮かべたお酒を飲むと長生きするといわれました。それが日本に伝わると、貴族《きぞく》たちは「菊の節句」と呼んで、菊酒を飲みながら漢詩《かんし》をつくる日としました。やがて庶民《しょみん》に広まると、菊の花の美しさを競う大会など、菊にまつわる行《ぎょう》事《じ》がおこなわれるようになりました。

栗《くり》ごはんを作ろう！

重陽の節句は、栗がおいしいシーズン。
栗ごはんを作って秋の味覚を楽しみましょう。

【材料（4人分）】
米 2合
栗（皮つき）200g
〈合わせ調味料〉
水 400cc、酒 大さじ1と1/2
しょう油 小さじ2、塩少々

①
栗の皮をむいて、食べやすい大きさに切ります。

むいた栗を
2～3時間水に
つけておくと
雑味《ざつみ》が減る

②
炊飯器《すいはんき》にといだ米、①の栗の実、〈合わせ調味料〉を入れ、炊飯器の指定に合わせて炊きます。

モグモグ
パクパク

③
栗がかたよらないよう、きれいにもりつけていただきます！

皮のじょうずなむき方

※栗の皮は固いので、かならず大人といっしょにむきましょう。

① 栗を洗い、30分～1時間熱いお湯につけておきます。

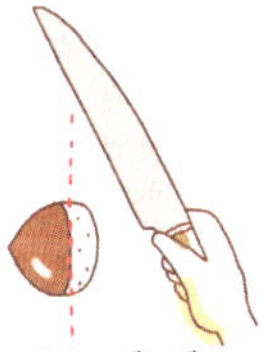

② 栗のお尻のざらざらしたところを、包丁で切り落とします。

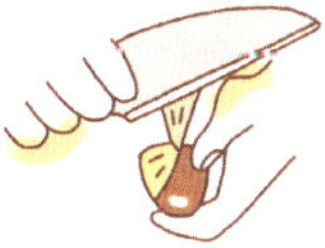

③ お尻の切り落としたところに刃を入れ、皮を頭に向かって引っぱります。

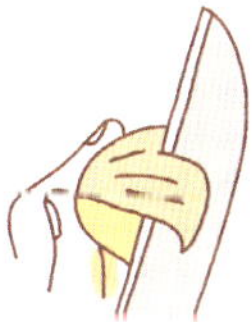

④ さらに包丁を使って渋皮《しぶかわ》をむき、水につけておきます。

9月
満月の日

十《じゅう》五《ご》夜《や》

1年でもっとも美しいとされる満月《まんげつ》の観賞会《かんしょうかい》

十五夜ってなに？

今ではお月見《つきみ》をする日としておなじみの「十《じゅう》五夜《ごや》」は、昔の暦《こよみ》で毎月15日の夜のこと。昔は、月の満《み》ち欠《か》けをもとに暦がつくられていたため、15日の夜は決まって満月になりました。その満月のなかでも、旧暦《きゅうれき》8月15日の満月はとくに美しいとされ、奈良《なら》～平安時代《へいあんじだい》の貴族たちは、この夜に月見の会を開くようになったのです。

これを「中秋《ちゅうしゅう》の名月《めいげつ》」といい、行事が庶民に広がると、月見だんごや収穫期《しゅうかくき》を迎《むか》えるさといもなどがお供《そな》えされるようになりました。そのため、中秋の名月は「芋名月《いもめいげつ》」とも呼ばれます。

秋の七草を探してみよう!

野原で秋の草花を観察しましょう。
さて、ここに10種類の草花がありますが、
秋の七草がどれか、わかりますか?

正解

〈秋の七草〉

オミナエシ　ナデシコ　フジバカマ

クズ　キキョウ　ハギ　ススキ

〈そのほかの草花〉

アザミ　リンドウ　キク

9月
第3月曜日

敬老《けいろう》の日

長いあいだがんばったお年寄《としよ》りに感謝《かんしゃ》と尊敬《そんけい》の気持ちを伝える日

敬老の日ってなに？

9月の第3月曜日は「敬老《けいろう》の日」。この日は、長いあいだ働きつづけ、社会につくしてくれたお年寄《としよ》りに感謝《かんしゃ》し、長寿《ちょうじゅ》を祝います。

敬老の日が国民《こくみん》の祝日《しゅくじつ》となったのは、1966（昭和41）年ですが、1947（昭和22）年の9月15日に、現在の兵庫県多可町《たかちょう》で、敬老会《けいろうかい》を開いたことがはじまりとされています。

これがきっかけとなり、のちに9月15日を「老人の日」、その日から1週間を「老人週間」と定めるようになりました。おじいちゃんとおばあちゃんに「ありがとう」を伝えましょう。

訪問のマナーを身につけよう!

おじいちゃん、おばあちゃんに、直接感謝を伝えに行きましょう。
家におじゃまするときのマナー、できていますか?

① 玄関のチャイムを鳴らす

チャイムを鳴らして、家の人が返事をするのを待ちます。

② 玄関であいさつをする

玄関先で「こんにちは。おじゃまします」とあいさつをしましょう。

③ くつをそろえる

家に上がったら、ぬいだくつのつま先がドアの方を向くように並べましょう。

④ お礼をしっかりいう

おかしを出してもらったら、「ありがとうございます」とお礼をいいます。

⑤ 帰るときもあいさつをする

しっかり相手の目を見て、「おじゃましました」「さようなら」といいましょう。

● 公共のマナー ●

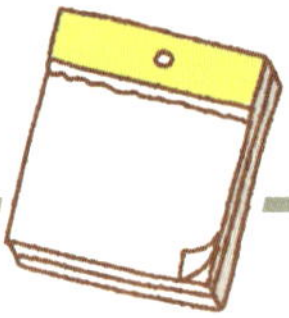

周りの迷惑《めいわく》にならないよう考えて行動しよう

家から1歩外に出れば、そこは公共の場所。電車やバス、図書館など、行く先々では約束事があり、その場所にあったマナーを身につける必要があります。下の表を見て、どういうふるまいをしたらよいか、確認しましょう。

公共の場所で気をつけること

場所	気をつけること
電車やバス	ホームや車内で走り回らない。 順番を守って、乗り降りをする。 お年寄りやケガをしている人、妊娠《にんしん》している人に席をゆずる。
病院	お医者さんや看《かん》ご師《し》さんの話をよく聞く。 走ったり、さわいだりしない。 席がうまっているとき、体がつらそうな人がいたら、席をゆずる。
図書館	本に落書きをしたり、やぶったりしない。 館内では、食べものや飲みものを飲まない。 本だなから出した本は、もとの場所にもどす。
レストラン	順番に並び、案内されるまで待つ。 食べもので遊んだり、食器をたたいたりしない。 家族が食べ終わるまで、イスから降りない。
劇場や映画館	時間どおりに入り、決められた席にすわる。 はじまる前にトイレをすませておく。 みているあいだは、おしゃべりをしない。
エレベーター、エスカレーター	エレベーターでは、順番どおりに乗り、奥につめる。 エスカレーターでは、おうちの人と手をつないで乗る。 エスカレーターでは、かけ上ったり、かけ下りたりしない。

10月

寒さがきびしくなる前の、
すごしやすい季節です。
色づく紅葉を見に野山へ出かけるとともに、
月を見て秋の夜長を楽しみましょう。

10月

中旬《ちゅうじゅん》〜下旬《げじゅん》

十三夜《じゅうさんや》

お供《そな》えものを子どもにとられると縁起《えんぎ》がよいとされるお月見

十三夜ってなに？

十五夜《じゅうごや》は知っていても、その約1か月後（旧《きゅう》暦《れき》9月13日）におこなわれる「十三夜《じゅうさんや》」を知らない人は、意外と多いかもしれません。

もともと十五夜と十三夜のお月見はセットで考えられ、どちらか一方だけ見るのは、「片月《かたつき》見《み》」といって縁起《えんぎ》が悪いといわれていました。

その十三夜には、だんごと一緒に、枝豆や栗をお供《そな》えします。そのため、十三夜は「豆名《まめめい》月《げつ》」「栗名月《くりめいげつ》」とも呼ばれます。これらのお供えものは、子どもにとられると縁起がよいという、変わった言い伝えがあります。

お月見だんごを作ってみよう!

お月見といえば、お月見だんごが欠かせません。
こねて丸めてゆでるだけなので、
親子で楽しみながら作れます。

【材料(16個分)】
上新粉《じょうしんこ》 150g
お湯 110cc程度
砂糖 お好みで

① 上新粉と砂糖をボウルに入れ、お湯を入れます。

② 熱いうちにはしでまぜ、少し冷めたら手でこねます。耳たぶのやわらかさをめざしましょう。

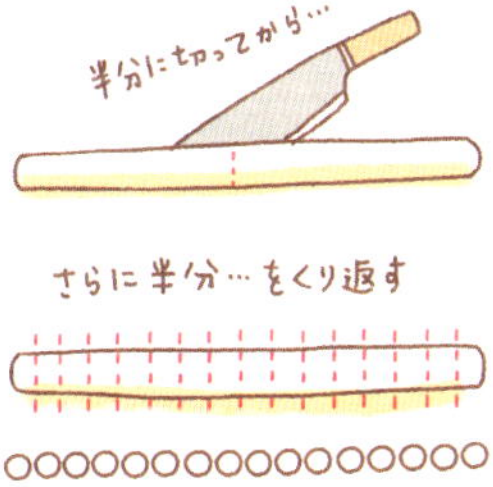

③ ひとつにまとめて棒《ぼう》のようにのばし、半分ずつ包丁を入れて16等分にします。

④ ③を手のひらでコロコロと丸め、熱湯に入れてゆでます。うかんできたら冷水にとります。

⑤ トレイに並べ、うちわで冷まして、ツヤを出したら完成です。

月の満《み》ち欠《か》けを知ろう！

月は1か月のあいだに満ち欠けをくり返しています。
昔の人たちは月の変化を楽しみ、親しみをこめて呼び名をつけていました。

1日め 新月《しんげつ》
姿が見えない月。

3日め 三日月《みかづき》
細長い月。そのかたちから「眉月《まゆづき》」とも呼ばれる。

7日め 七日月《なのかづき》
右半分の月。月を弓に見立て、矢を射《い》るときに引く「弦《げん》」が上にあるため、「上《じょう》弦《げん》の月」とも呼ぶ。

13日め 十三夜《じゅうさんや》
半月よりふくらんだかたちの月。満月の次に美しい月といわれる。

15日め 十五夜《じゅうごや》
きれいな円形の月。ただし、いつも満月になるとは限らない。

16日め 十六夜《いざよい》
満月より少し欠けたかたちの月。「いざよい」とは「ためらう」という意味。

23日め 二十三夜月《にじゅうさんやづき》
左半分の月。月を弓に見立てたとき、弦が下にあるため、「下弦《かげん》の月」とも呼ぶ。

26日め 二十六夜《にじゅうろくや》
三日月の逆向きの月。朝3時ごろに出る。月のなかに阿弥《あみ》陀《だ》さまが見えるといわれる。

月の満ち欠けがわかる実験をしよう！

どうして月は満ち欠けをするのでしょうか。
小さな模型を作って、その理由を学びましょう。

【用意するもの】
大きな厚手の
紙（段ボールなど）1枚
ピンポン玉 8個
黒のアクリル絵の具

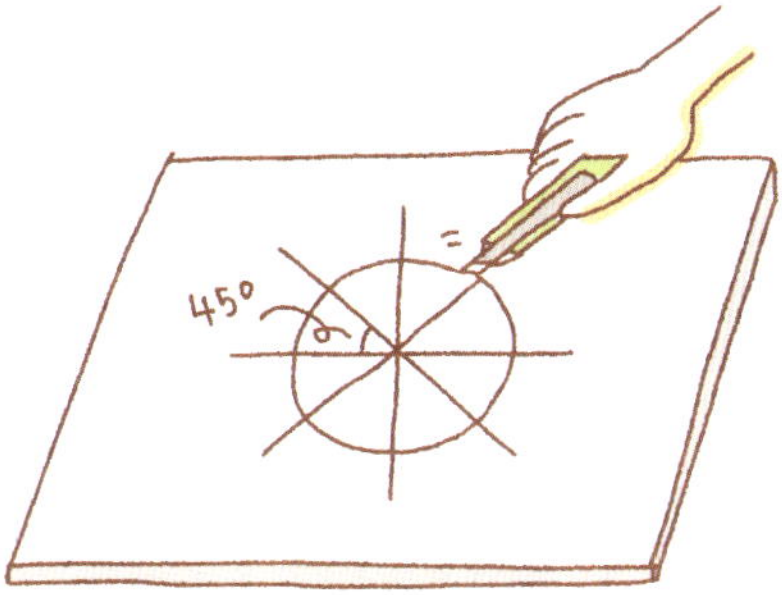

45°

①
段ボールの表面に自分の頭が入るくらいの大きさの円をかき、円を8等分するように同じ長さの線をひきます。

②
ピンポン玉の半分を黒のアクリル絵の具でぬり、乾かします。

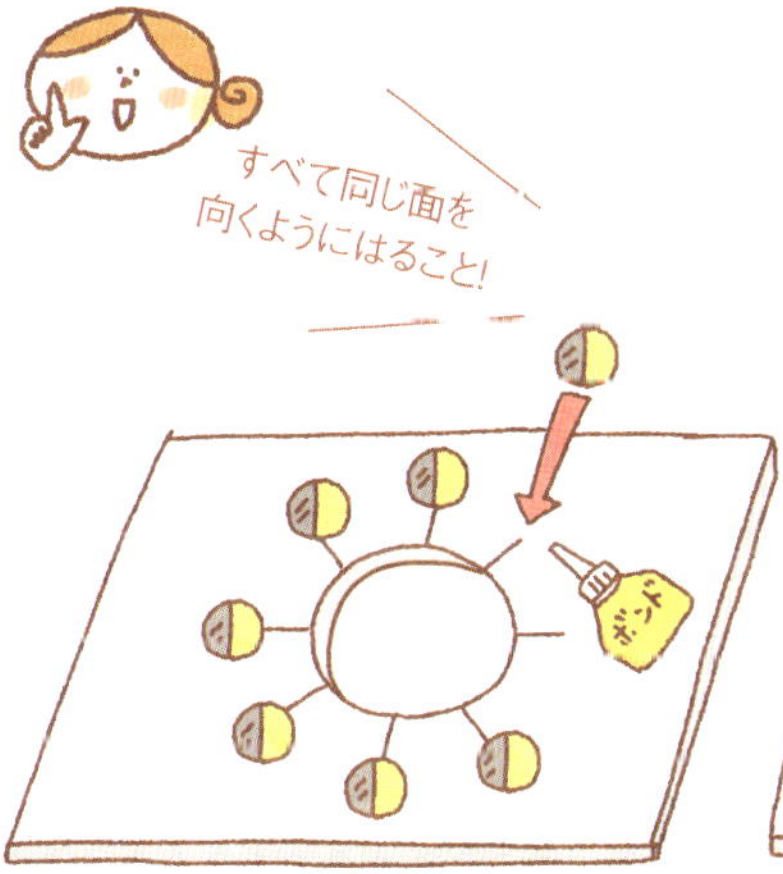

すべて同じ面を
向くようにはること！

③
①の円をカッターで切りぬき、線の先に②のピンポン玉をボンドではりつけます。

三日月！

④
段ボールの穴から顔を入れ、自分が地球となって回りながら月を見ます。

10月
下旬《げじゅん》〜

紅葉《もみじ》狩《が》り

秋の深まりとともに色づく木の葉を見に行く行事《ぎょうじ》

紅葉狩りってなに？

秋になり、赤や黄色に色づいた葉を見に、山へ出かけることを「紅葉狩《もみじが》り」といいます。「紅葉《もみじ》」とは、草花の名前ではなく、色づいた葉のこと。そして山へ出かけることから「狩り」という言葉が使われたといわれています。

色が変わる葉は、冬に枝から落ちる「落葉《らくよう》樹《じゅ》」の仲間。葉が落ちる直前、朝の気温が10度より低くなると色づきはじめ、気温が低くなるほど、色がこくなると考えられています。なかでも、イロハモミジのあざやかな紅葉《こうよう》は人気が高く、紅葉前線《こうようぜんせん》の基準《きじゅん》とされています。

落ち葉を集めて絵をかいてみよう！

落ち葉や木の実を使って、動物や人の顔を作ってみましょう。

金魚《きんぎょ》

黄色いだ円形の葉とカエデの葉を組みあわせます。

亀《かめ》

だ円形の葉を集め、大きい葉を甲羅《こうら》に、小さい葉を頭や足に見立てましょう。

孔雀《くじゃく》

イチョウやカエデの葉を3つ並べて孔雀の羽根を作ります。体の部分はだ円形の葉を使いましょう。

笑った人

細い葉っぱで目を作り、どんぐりで鼻、だ円形の葉で口を作ります。

怒った人

カエデの葉で燃え上がるような目を作り、木の実で鼻、針状の葉とだ円形の葉でへの字の口を作ります。

おじいさん

イチョウの葉をまゆげに。カエデなどで鼻を、だ円形の葉でひげを作ります。

落ち葉アートを楽しもう

上の動物や人の顔を組みあわせて、1枚の作品を完成させましょう。背景をかくと、もっとステキになります。

10月31日

ハロウィン

仮装《かそう》した子どもが家を回り、おかしをもらう楽しいお祭り

ハロウィンってなに？

10月31日は「ハロウィン」の日。

アメリカやヨーロッパでは、大きなかぼちゃをくりぬいておばけのランタンを作り、魔女《まじょ》や怪物《かいぶつ》などの仮装《かそう》をした子どもたちがご近所の家を回り、おかしをもらうお祭りをします。

ハロウィンは、古代《こだい》ケルト民族《みんぞく》のお祭りがもとになっています。古代ケルト民族は、11月1日を新年とし、前日に、ご先祖《せんぞ》さまの霊《れい》と悪い霊が町にくると考えていました。そこで、ご先祖さまをお迎えし、悪い霊を追いはらうために、たき火をしたのがはじまりといわれています。

ジャック・オー・ランタンを作ろう！

ハロウィンの定番、「ジャック・オー・ランタン」を作りましょう。
オレンジ色のオバケカボチャを使うと本格的です。

①

かぼちゃの頭の部分を上から3cm（オバケカボチャであれば5cm）分、ナイフで水平に切りとります（大人がするように）。切りとった上の部分はふたとして使うので、きれいに切りとりましょう。

②

大きなスプーンなどを使ってかぼちゃの中身をくりぬきます。

③

油性ペンで、かぼちゃに目・鼻・口をかきます。

④

ペンでかいた位置をなぞって、ナイフで切りぬきます。

⑤

上からろうそくを入れ、①の頭の部分でふたをすれば完成！ ろうそくの火に注意し、玄関などに飾りましょう。

【用意するもの】
かぼちゃ（オバケカボチャ） 1個
ろうそく 1本
大きなスプーン
油性ペン（黒）
包丁やナイフ※大人が使う

秋の行事まとめ

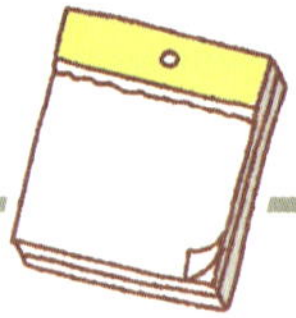

気候にあったイベントや、収穫を祝う行事がもりだくさん！

空気が乾燥してすごしやすいこの季節は、スポーツをするのにぴったり。学校では運動会がおこなわれるでしょう。また、秋は収穫の季節でもあり、各地で収穫祭が開催されます。「亥《い》の子《こ》」「十日夜《とおかんや》」もそのひとつです。

秋の行事一覧

期　間	行　事
9月9日	重陽《ちょうよう》の節句《せっく》 📖 P96
9月満月の日	十五夜《じゅうごや》 📖 P98
9月20日ごろ〜26日ごろ	秋のお彼岸《ひがん》 📖 P36
9月第3月曜日	敬老《けいろう》の日 📖 P100
10月中旬《ちゅうじゅん》〜下旬《げじゅん》	十三夜《じゅうさんや》 📖 P104
10月下旬《げじゅん》	紅葉狩《もみじが》り 📖 P108
10月第2月曜日	体育《たいいく》の日
10月31日	ハロウィン 📖 P110
11月亥《い》の日	亥《い》の子《こ》・十日夜《とおかんや》
11月15日	七五三《しちごさん》 📖 P114
11月23日	勤労感謝《きんろうかんしゃ》の日 📖 P116

11月

冷えこみが少しずつきびしくなり、
朝になると霜がおりるようになる「霜降月《しもふりつき》」。
本格的な冬の到来を前に、
冬じたくをはじめましょう。

11月
15日

七《しち》五《ご》三《さん》

子どものさらなる成長を神さまに願う儀式《ぎしき》

七五三ってなに？

11月15日に3歳《さい》、5歳、7歳の子どもが晴《は》れ着《ぎ》を着て、神社《じんじゃ》へおまいりに行く「七五三《しちごさん》」。これは、昔の成長祝いがもとになっています。

昔は3歳になると、赤ちゃんが子どもになった証《あかし》として、髪の毛をのばす「髪置《かみおき》」のお祝いをしていました。また、男の子が5歳になると、はじめて袴《はかま》を着る「袴着《はかまぎ》」の儀式を、女の子が7歳になると、はじめて帯をしめる「帯解《おびとき》」の儀式をおこなったのです。このように子どもの無事を感謝し、これからの成長を願う行事《ぎょうじ》が、現在の七五三につながっているのです。

神社でのおまいりの作法を覚えよう！

手水《ちょうず》のやり方

① 右手にひしゃくを持って水をすくい、左手を洗います。

② ひしゃくを左手に持ち替えて、右手を洗います。

③ 再び右手にひしゃくを持ち替え、左手に水をためて、口をすすぎます。

④ ①と同じように左手を洗ったら、ひしゃくを立てて柄《え》を洗います。

鳥居の前で一礼する

鳥居の前に進んだら、立ち止まって一礼。鳥居や参道のまん中は神さまの通り道なので、基本は左はしを歩きます。

11月
23日

勤労感謝《きんろうかんしゃ》の日

働くことの大切さを知り、収穫に感謝をする祝日

勤労感謝の日ってなに?

「勤労感謝《きんろうかんしゃ》の日」は、働くことの大切さを知り、野菜やお米などの収穫《しゅうかく》をみんなで喜び、感謝する日として、国民《こくみん》の祝日《しゅくじつ》に定められています。

また、この日はその年にとれたお米などの穀《こく》物《もつ》を天皇陛下《てんのうへいか》が神さまへお供《そな》えし、神さまといっしょに食べることで、実《みの》りに感謝する「新嘗《にいなめ》祭《さい》」というお祭りの日でもあります。

それがやがて、一般の人のあいだでも収穫感謝祭という形でお祝いされるようになり、第二《だいに》次世界大戦《じせかいたいせん》後には意味を広げ、収穫だけでなく働くことに感謝をあらわす日となりました。

感謝のおにぎりを作ろう!

仕事や家事でがんばるお父さん・お母さんのために、
顔をかたどった新米のおにぎりを作ってプレゼントしましょう。

【材料(2個分)】
炊きたてのごはん 1膳《ぜん》
のり適量

① ごはんを、お茶わんに半分ほどもります。

② もうひとつのお茶わんでふたをして、上下にふり、丸いおにぎりを作ります。

③ のりをはさみで切って、髪の毛を作ります。お父さんとお母さんの髪型に似せ、②のおにぎりに巻きます。

洗った調理はさみで切ろう!

④ 目と口のかたちに切りぬいたのりをはれば、「お父さんおにぎり」と「お母さんおにぎり」のできあがり。

秋・冬の祭り

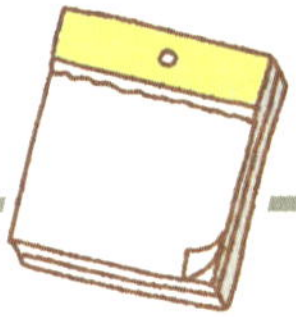

収穫を感謝する「秋祭り」と寒さや雪など季節を味わう「冬祭り」

秋は田の神さまにその年の収穫を感謝し、山へ送り出すための祭りが見られます。お正月が過ぎたあとには、正月飾りを燃やし病気や厄災から逃れる祭りがおこなわれるほか、雪や氷をとり入れた祭りももり上がりを見せます。

秋・冬の全国のおもな祭り一覧

期　間	行　事
9月14日～16日	鶴岡八幡宮例大祭《つるがおかはちまんぐうれいたいさい》(鎌倉市)
9月敬老の日直前の土・日	岸和田《きしわだ》だんじり祭《まつり》(岸和田市)
10月7日～9日	長崎《ながさき》くんち(長崎市)
10月22日	時代祭《じだいまつり》(京都市)
11月23日	伊勢神宮《いせじんぐう》・新嘗祭《にいなめさい》(伊勢市)
12月2日～3日	秩父夜祭《ちちぶよまつり》(秩父市)
1月9日～11日	今宮戎神社《いまみやえびすじんじゃ》・十日戎《とおかえびす》(大阪市)
2月初旬《しょじゅん》	さっぽろ雪まつり(札幌市)
2月第2金・土・日曜日	なまはげ柴灯《せど》まつり(男鹿市)
2月3日	はだか祭《まつり》(大垣市)

12月

12月は、新年を迎えるための
準備で誰もが大忙しです。
師（先生やお坊さん）が忙しく走り回るため
昔の暦《こよみ》で「師走《しわす》」といいます。

12月

中旬《ちゅうじゅん》〜下旬《げじゅん》

すすはらい

家じゅうをピカピカにして、お正月《しょうがつ》を迎える準備をする行事《ぎょうじ》

● すすはらいってなに？

一年の終わりにおこなう大そうじは、昔の「すすはらい」に由来《ゆらい》します。すすはらいとは、新年に年神《としがみ》さまをお迎えするために、家のなかをきれいにする伝統行事《でんとうぎょうじ》。

昔は炭《すみ》を燃やして料理をしていたため、天井《てんじょう》やカベには、すすがたくさんついていました。そこで当時は、12月13日に家じゅうのすすをはらい、年明けの準備をしたのです。すすはらいは、神棚《かみだな》からはじめるのが決まりで、家のなかがピカピカになったら、門松《かどまつ》を立て、注連縄《しめなわ》をはるなどして、お正月の準備をととのえます。

大そうじをお手伝いしよう！

**大そうじは、そうじをする場所が多く、時間がかかりがち。
効率よく進めるコツを紹介します。**

そうじは上のほうからはじめる

天井、家具の上のほこりを落とすことからスタート。床に落ちたほこりは、床そうじのときにまとめてとりのぞきます。

窓ガラスは古新聞でピカピカに

クシャクシャに丸め、水につけて軽くしぼった古新聞で水ぶきします。仕上げに、かわいた古新聞でからぶきを。

カーペットそうじはヘアブラシを使う

カーペットの繊維《せんい》のあいだに入りこんだ小さなゴミは、ヘアブラシでかき出してから、ガムテープでとりましょう。

ベランダそうじにも新聞紙が活躍

ぬらした新聞紙をちぎってまき、ほうきで押さえつけるようにはくと、ほこりがとれます。

12月
22日ごろ

冬至《とうじ》

寒い冬を健康にすごすための生活の知恵

冬至ってなに？

「冬至《とうじ》」は、1年のなかで昼が1番短い日（北《きた》半球《はんきゅう》の場合）。12月22日ごろとされ、この日に、かぼちゃを食べ、ユズ湯に入るとカゼをひかないといわれています。

これは、かぼちゃには生きる力を強くし、ユズには悪いものを追いはらう効果があると考えられていたためです。実際に、かぼちゃにはベータカロテンなどの栄養がたっぷり含まれるほか、ユズ湯には体をあたためる効果があります。そう考えると、寒い冬を健康にすごすための、昔ながらの生活の知恵といえるでしょう。

ユズの果汁でヒミツの手紙を作ろう！

冬至で活躍するユズ。
この季節ならではの遊びとして、
「あぶり出し」に挑戦してみましょう。

【用意するもの】
画用紙 1枚
絵筆（洗って
かわかしたもの）1本
ユズ 1個

①
ユズを半分に切り、果汁《かじゅう》をボウルにしぼり出します。

ミカンやレモンの果汁でもいいよ！

②
果汁を絵筆の先につけ、画用紙に文字や絵をかきます。かわかせばできあがり。

ワク
ワク

③
ガスコンロの火で、紙を下からあぶると、かいた文字や絵が浮かび上がります。

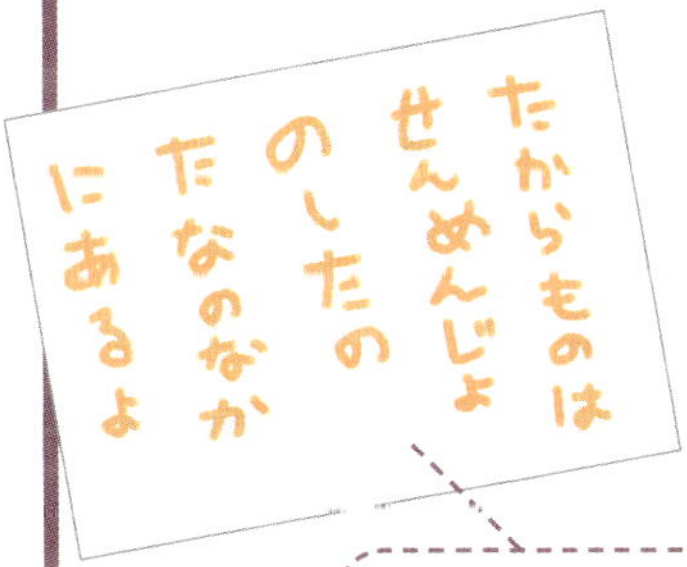
たからものは
せんめんじょ
のしたの
たなのなか
にあるよ

火を使うときは、
大人といっしょに
やろう！

「あぶり出し」でヒミツの手紙を書いて、友だちや家族に送ってみよう

12月25日 クリスマス

イエス・キリストの誕生日《たんじょうび》とされる日のお祝い

クリスマスってなに？

日本では、クリスマスを「クリスマスツリーを飾り、ケーキやチキンを食べて楽しむ日」と思っている人が多いかもしれません。ですが、もともとは、キリスト教を開いたイエス・キリストの誕生をお祝いする日とされています。

子どもにプレゼントを配るサンタクロースは、ニコラスというトルコ人の神父《しんぷ》さんがモデルといわれます。彼が結婚をひかえた貧《まず》しい姉妹の家の煙突《えんとつ》に金貨を投げこんだところ、暖炉《だんろ》に干してあったくつ下に入ったため、くつ下を用意する風習が生まれたのだと伝えられます。

クリスマスパーティーの飾りを作ろう!

ティッシュフラワーの作り方

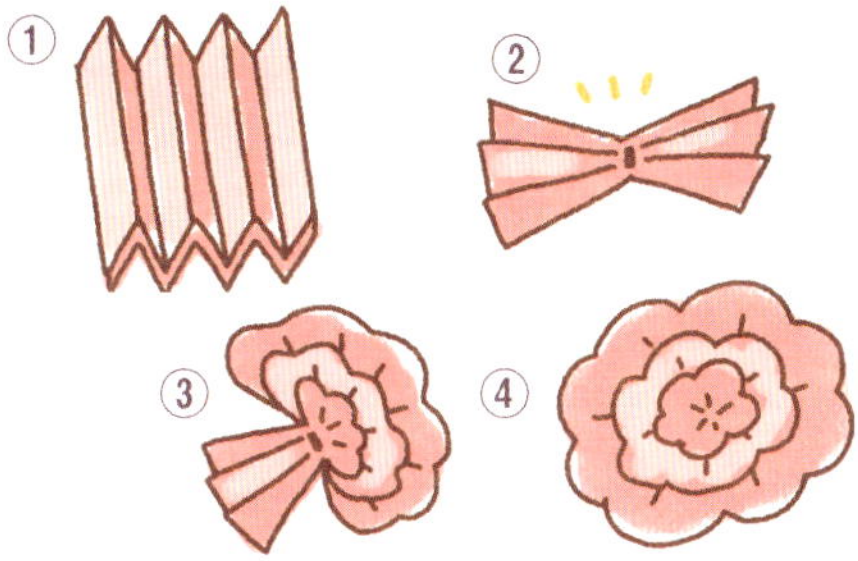

① ティッシュを5枚重ね、細く山折り・谷折りをします。

② まん中をホチキスでとめます。

③ かどをはさみで丸く切り、1枚1枚広げていきます。

④ 反対側も広げ、かたちをととのえれば完成です。

輪飾りの作り方

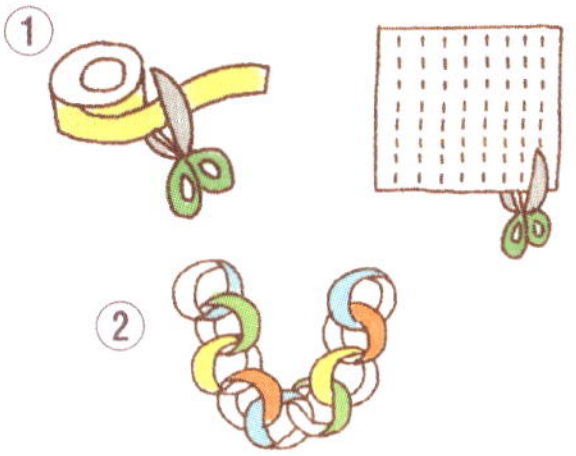

① 紙テープを10cmの長さに切ったものをたくさん作ります。なければ折り紙を細長く切ったものでもOK。

② ①のはしにのりをつけ、輪を作ります。輪のなかに次の紙を通し、輪をつなげていきます。

クリスマスリースの作り方

① 紙皿のまん中(底)を丸く切りぬき、好きな色にぬります。

② 画用紙を切ってひいらぎの葉、星、くつ下などを作り、色をぬります。

③ ①に、②のひいらぎの葉をのりづけします。

④ 星やくつ下もはれば、できあがり。

12月
31日

大《おお》みそか

除夜《じょや》の鐘《かね》は清《きよ》らかな心で新年を迎えるためのもの

大みそかってなに？

その年の最後の日を「大みそか」または「大つごもり」といいます。この日には年こしそばを食べ、お寺で除夜《じょや》の鐘《かね》を鳴らします。

そばを食べる風習は江戸《えど》時代《じだい》にはじまりました。細く長いかたちから、末永《すえなが》く幸せになる、長生きできるなどの意味があります。

いっぽう除夜の鐘は、仏教《ぶっきょう》において、人間がもつと考えられている一〇八の煩悩《ぼんのう》をとりはらうために鳴らすとされます。煩悩とは、欲《よく》や人に対する怒《いか》りなどのこと。清《きよ》らかな心でお正月を迎《むか》えるために、鐘を鳴らすのだといいます。

伝統的なおせち料理を知ろう！

田《た》づくり
ごまめを炒ったもの。昔は小魚を田畑の肥料に使ったため、豊作を願う意味がある。

かずのこ
ニシンの卵。卵の数が多いため、子孫繁栄《しそんはんえい》の意味がある。

こんぶ巻き
魚をこんぶで巻いて煮たもの。「よろこぶ」にかけて縁起《えんぎ》がよいとされる。

黒豆《くろまめ》
黒豆を煮たもの。「まめに働く」という語呂《ごろ》あわせから縁起がよいとされる。

くわい
くわいの煮物。芽が出ているため、「将来芽が出るように」という意味で入れられる。

栗《くり》きんとん
きんとんは漢字で「金団」。「お金がたまるように」という願いがこめられている。

なます
だいこんとにんじんのなます。お祝いの贈《おく》りものにかける「水引《みずひ》き」に見立てたもの。

たたきごぼう
ごぼうの煮物。ごぼうは長く根をはるため、「長生き」の意味がある。とくに関西地方のおせちに多い。

エビ
そのかたちから、腰が曲がるまで長生きするようにという願いがこめられている。

田づくりを作ってみよう（4人分）

①フライパンで、ごまめ（50g）を弱火でじっくりと炒り、ざるに上げ、ふるって冷まします。

②別の鍋に調味料（砂糖大さじ2、みりん大さじ2、しょう油大さじ1と1／2）を入れて煮つめます。

③とろみがついたら火を消し、①のごまめを加えてまぜあわせます。バットに広げて冷ませば完成です。

編集協力　ロム・インターナショナル
カバー・本文デザイン　オコデザイン事務所（小口智也）
カバー・本文イラスト　高村あゆみ

※下記の文献等を参考とさせていただきました。

『宮本常一歳時習俗事典』宮本常一、『歳時の文化事典』五十嵐謙吉（以上、八坂書房）／『子どもに教える今日はどんな日？――年中行事がよくわかる本』高橋司、『「国民の祝日」の由来がわかる小事典』所功、『知れば納得！暮らしを楽しむ12ケ月のしきたり』新谷尚紀監修（以上、PHP研究所）／『自然のめぐみを楽しむ昔ながらの和の行事』石坂昌子、『図説子どもに伝えたい日本人のしきたり』三橋健（以上、家の光協会）／『家族で楽しむ日本の行事としきたり』石田繁美編（ポプラ社）／『歳時記のある暮らし　和の暮らし術1』坂東眞理子監修（JTBパブリッシング）／『47都道府県・伝統行事百科』神崎宣武（丸善出版）／『まるごときせつの行事』コダシマアコ（かもがわ出版）／『三省堂年中行事事典（改訂版）』田中宣一・宮田登編（三省堂）／『ブリタニカ国際年鑑　2013年版』（ブリタニカ・ジャパン）／『和のしきたり――日本の暦と年中行事』新谷尚紀監修（日本文芸社）／『知っておきたい日本の年中行事事典』福田アジオほか（吉川弘文館）／『子どもに伝えたい年中行事・記念日』萌文書林編集部編（萌文書林）／『子どもの生活と環境――四季・年中行事のながれの中で』近藤正樹ほか（インデックス出版）／『日本の歳時記』コロナ・ブックス編集部編（平凡社）／『暮らしの知恵と生活マナー――これだけはわが子に伝えたい、教えたい』栗田孝子（ほんの木）／『これだけは子どもに教えたい！　大切なマナーのすべて』マナー教育サポート協会（メイツ出版）

親子でたのしむ日本の行事

2014年4月25日　初版第1刷発行

編者　平凡社
発行者　石川順一
発行所　株式会社 平凡社
〒101-0051
東京都千代田区神田神保町3-29
電話　03-3230-6582（編集）
03-3230-6572（営業）
振替　00180-0-29639
印刷　株式会社東京印書館
製本　大口製本印刷株式会社

ISBN 978-4-582-83655-4
NDC分類番号386.1　A5判（21.0cm）　総ページ128
平凡社ホームページ http://www.heibonsha.co.jp/
乱丁・落丁本のお取り替えは直接小社読者サービス係までお送りください（送料は小社で負担します）。